27歳からのMBA

グロービス流
リーダー基礎力 10

グロービス経営大学院 ＝著
田久保善彦｜荒木博行｜
金澤英明｜村尾佳子 ＝執筆

東洋経済新報社

はじめに

「チームリーダーになったのですが、メンバーがうまく動いてくれず困っています」
「メンバーが体調不良を訴えるケースが急に増えてしまって」
「営業の数字の見方には自信があるが、会計と言われると……」
「別の部署を上手に巻き込めないのです」

これらは、ここ数年、若手リーダー、リーダー候補の皆さんから頻繁に聞くコメントです。

筆者らは、MBA（経営学修士：Master of Business Administration）を発行するグロービス経営大学院（東京、大阪、名古屋、仙台、福岡、オンライン）、グロービス・マネジメント・スクールの経営に携わる傍ら、教壇にも数多く立っています。

そこでは、毎年、20代中盤から30代の方を中心として合計数千人単位の受講生が論理思考、コミュニケーション、マーケティング、会計、ファイナンスなど、ビジネススキルに関する学びをスタートしています。自らの将来の可能性を信じ、そして、キャリアの選択肢を増やし、納得のいく人生を歩むために自己投資をされています。

しかし、これらの知識を学ぶだけでビジネスの成果が上がるほど単純な話ではありません。ビジネスには、自分自身を含め、常に感情を持った人間が深く絡んでいるからです。

結果的に、経営の基本的な知識を習得された皆さんが、次に直面することは、学んだ知識を使って実際に会社の中で物事を進めていくことの難しさです（グロービスでは主に大学院の二年次に実行力

を高めるためのカリキュラムを組んでいます)。

　特にリーダーになりたての30代前半の若手の方からは、具体的に次のような話を聞くことが多いです。

● 最近チームリーダーになったが、チームとしての目標をどのように設定したらよいかわからない
● メンバーに権限委譲しなければならないが、プレイングマネージャーのプレイヤーとしての評価が下がるのではないかと不安
● メンバーの育成をしろと言われてもやり方がわからないし、自分のノウハウを後輩に伝えるのは気が進まない
● 営業数字を見ることにかけては誰にも負けないが、会社の財務諸表などには興味がないし、見てもわからない。自分にはあまり関係がないと思っている
● 経営に関することを学び、その知識や知恵を使って会社を変えていきたいと思っているが、組織の壁に阻まれて動けない
● 細かい段取りをするのが苦手で、いつも抜け漏れが発生してしまう。メンバーの抜け漏れを指摘することも苦手
● 世の中が変化しているといっても地方拠点で営業をしていると、それほど大きな変化は感じない
● 何かを始めても継続することが苦手である
● 最近メンタルの不調を訴えて会社を休みがちなメンバーがいて困っている

　個々人の話ですから、千差万別なのは言うまでもありませんが、リーダーとして会社の中で物事を前に進めていくにあたり、さまざまな壁にぶつかっている姿がそこにあります。

　『27歳からのMBA　グロービス流ビジネス基礎力10』(東洋経済

新報社）を上梓したのは、意識的に能力開発を始める最初の段階で、身につけるべき能力に関する全体感を持つことの重要性を強く認識したからでした。全体感を持たないのは、地図を持たずに旅に出るようなもので、どこまで、何をやればよいのかという不安だけが先に立ち、そこで思考が止まってしまうからです。

　姉妹本となる本書でも、同じコンセプトに基づき、筆者らが数多くの社会人の皆さんとの対話の中から芽生えた問題意識をもとに、**30代前半までに、リーダーとして身につけていただきたいと思うビジネスに関する「力」を10に分けて「俯瞰」しました。**

　本書で取り上げた10の能力は、20年を超えるグロービスの教育現場の中で繰り広げられてきた、のべ8万人以上のビジネスパーソンとの会話、社会人学生の状況などを観察する中で、リーダーとして活躍するために早い段階で身につけるべき力として、著者が特に重要であると考えているものです。

　1章では、3C分析（市場・顧客―競合―自社）を用いてビジネス環境を正しく理解する方法論について、2章では、リーダーに最低限必要な会計に関する考え方を記しました。3章では、自らが所属する組織の文化や仕事を進める上でのクセを把握する力について学び、3つの章を通じて、ビジネスそのものを理解する力を養っていただきます。

　続く4章からは、リーダーとして戦略を構築し、組織を動かしていく力を取り上げました。まず、意味のある目標を設定する力を議論した上で、5章では設定した目標を達成するための大まかなプランを作る力、6章では個別の施策を実施するための詳細な段取りをする力、そして7章では大切なことをメンバーに伝える力について記しました。

　後半の3つの章では、リーダーとしての基盤を作ることを目的と

し、8章では、自らの心身、そしてメンバーの心身をしっかりコントロールする力について、9章では、始めたことを身につけるまでの継続力について、そして最終章では、組織としての成果を最大化するために必須のメンバーの育成力について議論を深めました。

　今後、私たちを取り巻く環境は、ますます厳しさを増していきます。**最低限、持っていなければならない生き抜くための力（稼げる力、仕事を獲得する力）のレベルも上がっていくでしょう。**当然ですが、最後に頼れるのは自分の実力だけであり、それを磨き続けなければなりません。
「あの時もっと学んでおけばよかった、あの時もっと真剣にトレーニングしておけばよかった」という後悔をすることにならないように、できるだけ早いタイミングで自らと真剣に向き合う必要があります。
　時代の流れ、時代の要請を感じながら、速いスピードで自分の能力を高めていくことができるかどうかに、今後のビジネスパーソンとしての人生がかかっています。

　本書を通じて、読者の皆さんがリーダーとしての能力開発の方向性について真剣に考えるきっかけを得ていただけたら、これ以上の喜びはありません。

リーダーとしての能力開発の第一歩を！

2015年11月

執筆者を代表して
グロービス経営大学院 経営研究科 研究科長　田久保善彦

CONTENTS

はじめに …… 3

CHAPTER

1 取り巻く環境を理解する力
Environmental Analysis

01 環境分析に対する危機意識 …… 15
02 求められるフレームワーク思考 …… 17
03 3Cは取り巻く環境をシンプルに押さえるフレームワーク …… 19

CHAPTER

2 会計から企業を理解する力
Accounting

01 会計は本当に自分の業務とは関係ないのか? …… 36
02 会計用語やルールの暗記は不要 …… 37
03 数字の意味と評価の視点を理解する …… 38
04 5つの基本を理解する …… 39
05 財務諸表を予測する視点を持つ …… 53

CHAPTER

3 組織の文化・クセを理解する力
Knowing your organization

01 企業理念の意味を理解する …… 60

CONTENTS

02 組織形態が与える影響を理解する ……… 65
03 人事制度が与える影響を理解する
（採用・配置・育成・評価・報酬）……… 69
04 マネジメント層の与える影響を理解する ……… 74
05 具体的に文化が表れる行動様式を知る ……… 76

CHAPTER

4 目標設定力
Setting goals

01 What:
何を目標にすべきか、目標項目を定める ……… 86
02 When:
いつの達成を目指すべきか、目標の期限を決める ……… 95
03 Why:
なぜその目標にすべきか、目標の背景を統合する ……… 98

CHAPTER

5 プランニング力
Planning

01 目標をすり合わせる ……… 104
02 目標全体を俯瞰しプランを設計する ……… 109
03 実行計画と実行体制を具体化する ……… 114
04 実行計画を確定しスケジュール化する ……… 120

CHAPTER

6 段取り・仕組み化力
Arrangements & Systemization

01 段取り力をつける ········ 126
02 仕組み化力をつける ········ 143

CHAPTER

7 伝達する力
Communication

01 伝えるゴールを考える ········ 154
02 相手を知る ········ 158
03 何を誰からどのように伝えるかを考える ········ 161
04 伝える ········ 166

CHAPTER

8 セルフマネジメント力
Self-management

01 心をマネジメントする ········ 172
02 技をマネジメントする ········ 183

CONTENTS

CHAPTER

9 習慣づける力
Habituation

01 必要性を自覚する ……… 199

02 正しい理解をする ……… 203

03 正しいやり方をする ……… 208

04 習慣化する ……… 211

CHAPTER

10 メンバーを育てる力
People development

01 相手の強み・弱み・価値観を理解する ……… 221

02 信頼して任せる ……… 225

03 自分で考えられるようにする ……… 229

04 適切にサポートし、自分でやり遂げてもらう ……… 234

05 結果を振り返り、フェアに評価する ……… 238

06 さらなるチャレンジを与え続ける ……… 242

おわりに ……… 244

執筆者紹介 ……… 246

CONCEPT MAP

グロービス流 10 のリーダー基礎力

ビジネスを理解する

取り巻く環境を
理解する力

会計から企業を
理解する力

組織の文化・クセを
理解する力

ビジネスを動かす

目標設定力

プランニング力

段取り・仕組み化力

伝達する力

リーダーとしての基盤をつくる

セルフマネジメント力

習慣づける力

メンバーを育てる力

CHAPTER

1

Environmental Analysis

CHAPTER

1

2

3

4

5

6

7

8

9

10

SECTION

01
|
03

取り巻く環境を
理解する力

CHECK LIST

取り巻く環境を理解する力
チェックリスト

本章を読み始める前に、チェックリストに○を付け、ご自身の状況を確認してみてください。○が少ない方は、1章をじっくり読むことをお勧めします。

1　「競合はそもそも誰なのか」という視点を持っている

CHECK

2　競合に関して、公開・非公開情報をもとに仮説を立てる意識を持っている

CHECK

3　自社の業界で戦う上で大事なポイントは何か、具体的なイメージがある

CHECK

4　自社の強みを、競合や環境を踏まえた上で定義できている

CHECK

5　自社の強みを、さまざまな機能ごとに分解して考える視点を持っている

CHECK

6　分析の際には、常に数字を押さえることを意識している

CHECK

7　事実の羅列でなく、そこから何が言えるのか、ストーリーを持って組み立てられる

CHECK

8　時系列で環境変化を理解するようにしている

CHECK

SECTION
01

CHAPTER1_Environmental Analysis

環境分析に対する
危機意識

さっそくですが、読者の皆さんに質問です。
「皆さんの会社を取り巻く環境は変化しているでしょうか?」

この質問に対して明確にNO、つまり「変化していない」と言える人はほぼいないでしょう。

では、次の質問です。
「具体的にどんな変化が起きていますか? その変化を挙げてみてください。そして、その変化が起きている構造を語ってみてください」

この質問に対しては、多くの人は回答に窮するのではないでしょうか。
「最近、顧客のコスト意識が厳しくなって値引きを迫られるようになった」というような、目の前で起きている変化についてはすぐに答えられるかもしれません。しかし、その背景にある構造については「たしか社長が年頭挨拶で言っていた……」というような借り物の言葉以上のことは、なかなか出てこないかもしれません。

つまり、私たちの大多数は「環境変化」について明確な意見を持っていないということです。これでは、将来を見据えた事業戦略を考

えることは難しいでしょう。

　もちろん、それで問題ないと思っている方は少なく、大半のビジネスパーソンは、そのような「環境変化に対する認識不足」に課題意識を抱えています。

　しかし、日々の生活に目を向けてみると、そのような課題意識以上に、もっと緊急な案件を目の前に抱えているのが一般的です。

　達成するための営業目標、重要なクライアントからのクレームの対処、次の会議に向けた準備、返信しなくてはならないメールの数々。これらのTo Doリストの山に囲まれて、私たちは日々、何とかやりくりしているといっても過言ではないでしょう。

「環境変化」ということを考察するための時間はほとんど残されておらず、「何となく変化が起きているのはわかるけど、何が起きているのか正確に語ることはできない」という状況が発生しています。誰もこの状態が良いとは思っていないのに、日常の引力が強すぎて太刀打ちできないのです。

SECTION 02

CHAPTER1_Environmental Analysis

求められる
フレームワーク思考

　では、「定期的に時間を作って環境変化について考察する」ということをすればよいのでしょうか。もちろん、それが大事なことは言うまでもありません。しかし、そこには別の現実が立ちはだかります。

「いったい、環境変化ってどうやって理解すればいいのだろうか？」

　という問いに答えられない、ということです。

　考えてみれば、「環境」というのはきわめて広がりのある抽象的な言葉です。何をどこまで捉えれば「環境」を理解したことになるのか、ということはよくわかりません。**結果的に、「見える範囲で」「思いついたものに対して」語るので精一杯になってしまいます。**
　このような時に力を発揮するのが「フレームワーク」です。フレームワークは、「チェックリスト」と読み替えていただいても結構です。

「これと、これと、あとこれの3点を押さえておけば、環境変化の全体像は押さえたのも同然」というチェックリストが皆さんの頭の引き出しに用意されていれば、To Doリストに囲まれた中においても、さっと頭を切り替えて環境変化に思考を巡らせることもできるようになるでしょう。

このような観点から、本章ではまずは環境を理解するためのフレームワークを紹介します。

　ここでは、数多く存在するフレームワークの中における基本中の基本である「3C」を取り上げます。「3Cだけ？」という声が聞こえてきそうですが、**3Cを実践で使いこなせるほどに深く理解できれば、この章の目的である現状分析をしっかりと行い、環境を正しく理解することは達成できます。**

　多くのフレームワークを知り、それらをすべて使いこなせればそれに越したことはありませんが、たいていは知ること自体が目的となってしまい、使わない知識ばかりが増えていく状態に陥りかねません。

　単に3Cというフレームワークの意味を説明するだけにとどまらず、何を理解するためのフレームワークか、どんな状況で使うべきか、そして使う時はどんなポイントに注意すればいいか、という点を押さえながら見ていきます。

　それでは、さっそく具体論に入っていきましょう。

SECTION 03

CHAPTER1_Environmental Analysis

3Cは取り巻く環境を
シンプルに押さえる
フレームワーク

さて、皆さんがもし何らかのビジネスを企画しようとした場合、最初に何を考えますか。

● お客さんは果たして興味を持ってくれるだろうか？そもそもお客さんってどこにいるんだろう？ニーズは何だろう？そしてこれからどんな変化を遂げるのだろう？
● 競合は？これから参入しそうな企業はあるだろうか？
● 自社は何が得意技と言えるんだろう。逆に弱みは何か？

と、いろいろなことが頭をよぎると思います。

こういった考えるべき主要なポイントをざっくり分類すると、「市場や顧客」「競合」、そして「自社」に分けることができます。この頭文字、つまりCustomer（市場・顧客）、Competitor（競合）、Company（自社）を取ったのが、3Cというフレームワークです。

「ビジネスを考える際に、自社を取り巻く主要項目をシンプルに押さえられる」という点で、3Cの右に出るものはありません。さまざまな形でのアレンジも可能であり、汎用性も高い。したがって、数あるフレームワークの中でも最も使用頻度の高い1つと言えます。

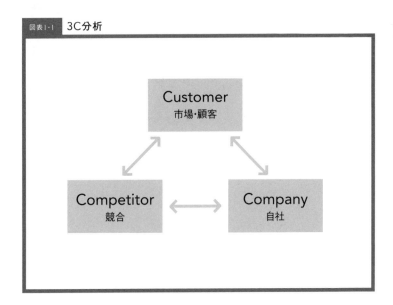

図表1-1　3C分析

❶ Customer分析は「マクロ」と「ミクロ」の両面の視点を忘れない

　3Cは汎用的に使えるフレームワークですが、3つのCを漠然と押さえていれば何らかの答えが出てくるわけではありません。使いやすく見えるがゆえに、いろいろな注意点があるのも事実です。その注意点を整理していきます。

　まずは図表1-2に示すように「Customer」を2つの視点で正しく押さえる、ということが大切です。
　Customerは日本語では「市場・顧客」と訳されます。しかし、冷静に考えると、「市場」と「顧客」というのは意味が異なります。ここで言う「市場」とは、高い（マクロな）視点から全体の規模や成長率などを押さえることになります。
　他方で、「顧客」とは、低い（ミクロな）視点による個々の一人

ひとり、一社一社を理解することです。それぞれのお客さんがどのようなニーズを抱えて、その中で大事なニーズは何なのか、ということを具体的に考えていくことです。

そして、言うまでもなく、ビジネスを理解する上でこの2つの視点を理解しておくことはきわめて重要であり、欠かすことはできません。しかし、3C分析の「Customer」においては、この「高度な異なる2つの視点」が1つの箱に包含されてしまっています。Customerには2つの視点が必要、という理解のもとに双方の考察を進めることが大切です。

たとえば、「団塊世代の引退によって市場規模がX%に成長」という考察があったとしても、これは高い視点から「市場」を見たことにはなりますが、よりミクロな視点での「顧客」を見たことにはなりません。

「団塊世代」と一括りにしてもその行動スタイルは大きく異なり、結果的にニーズも多様です。それに対してリアリティを持って考えるためには、より具体的な個人個人に焦点を当てて考える、というミクロな視点をおろそかにすることはできません。

最低限、「誰が、どんな時に、どんな場所で使うのか」ということを頭の中にイメージし、「そのお客さんが購買の意思決定をするタイミングにおいて大事にしていることは何なのか」（KBF＝Key Buying Factor）ということを具体的に語れるようになるまでは、ミクロ視点での分析は欠かせないでしょう。

筆者の経験からすると、一般のビジネスパーソンが行う「環境分析」はマクロの視点での考察に偏る傾向にあります。全体の大まかなトレンドは押さえようとするのですが、「市場規模が拡大というけど、具体的にどういう人が新たな顧客になっている？」、「その人たちはどういうニーズを抱えている？」、「その根拠は何？」という

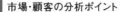

図表1-2　市場・顧客の分析ポイント

市場（マクロ）
規模（売上金額・出荷数量・顧客数等）
年平均成長率（過去・将来予測）
構成比率（地域別・年齢別等）

顧客（ミクロ）
代表的顧客像（ペルソナ）
購買意思決定プロセス・購買行動分析
購買決定要因（KBF）
購買意思決定者
（DMU=Decision Making Unit）

シンプルな問いに答えられないような場合が散見されます。

「環境分析」というと、大きな視点で物事を捉えることのように感じてしまいますが、必ずしもそういうわけではありません。マクロの視点と同じく、地に足のついたミクロの具体的な「顧客像」というものも忘れずに考察を深めていきましょう。

② いったい競合は誰なのか?を考え抜く

2つ目の注意点は、「競合の定義」をしっかり考えるということです。

意外に難しいのが、「競合ってどこ?」という問いです。おそらく無意識でいると、いわゆる「同じ業界」として一般的に括られた企業群が競合のリストとして上がってくるでしょう。しかし、分析すべき競合は、自分たちがどういう顧客にどういう価値提供をしたいのか、という定義次第で大きく異なります。

たとえば、皆さんが日本のスターバックスのビジネスを考える立

場だったとしましょう。その時、スターバックスの「競合」はどこだと定義しますか。タリーズやエクセルシオールといったことは容易に想像がつくと思います。しかし、マクドナルド、セブン-イレブン、ホテルのラウンジ、ハーゲンダッツ……。こういったところは競合にはならないでしょうか。

繰り返しになりますが、**プレイヤーのどこまでが競合になるのかということは、その人がどういう視点でビジネスを描いているのか、ということによります。**

たとえば事業の本質を「コーヒー」において考えるのか、「隙間時間で一息つく場所」として考えるのかによっても競合分析の範囲は変わるでしょう。つまり、競合を考える、ということは、自分たちの提供価値を考えることと同義です。誰かが勝手に決めた「〜業」というカテゴリーにとらわれる必要はありません。

さらに言えば、異業種や予想していなかった地域から競合プレイヤーが入ってくることがある、ということを忘れてはなりません。ドラッグストアとコンビニエンスストアなどは業界の括りは異なりますが、最近ではその垣根もあいまいです。もしドラッグストアのプレイヤーとしての立場で競合分析をするのであれば、競合の範囲はドラッグストアのカテゴリーに入るプレイヤーだけにこだわるべきではないでしょう。

大事なことは、競合分析の際に無意識に競合プレイヤーを書き込むのではなく、一歩立ち止まって考えることです。競合の定義がずれると、それ以降、どれだけデータを収集してもその意味は薄れます。競合の定義の重要さを認識して、競合の存在を考え抜いてみてください。

③ 外から見える情報を踏まえて競合に対する仮説を立てる

競合分析においては公開情報と非公開情報をそれぞれ前広に押さ

えておくことが大切です。公開情報で言うと、

- 掲げているビジョン（何を目指しているのか？）
- 過去数年の財務諸表
- 過去数年の意思決定のリスト
- セールスポイントとして打ち出していること

といったことがあるでしょう。

　また2章で整理しますが、特に競合を理解する上では財務諸表の理解は欠かせません。公開企業であれば、財務諸表から多くのことをうかがい知ることができます。情報の宝庫と言っても過言ではありません。

　また、競合の公開情報収集においては、その巧拙の差は大きく出ます。やみくもにデータに当たるのではなく、どんな仮説を持ち、どのようなソースからどのような情報を取得してくるのか。どれだけの時間をかけ、出てきた情報をどう加工していくのか、といった基本動作は『27歳からのMBA　グロービス流ビジネス基礎力10』の「3章　仮説構築力」「4章　情報収集力」「5章　データ・情報分析力」に整理してありますので、参照してみてください。

　一方で非公開情報としては、「ユーザーや顧客からの評判」といったことは重要な情報です。もし周囲に競合企業の過去のユーザーがいるとすれば、そのユーザーの声はきわめて有力な情報になります。具体的な事実と、そのユーザーの解釈（感想）に分けて、多少の手間を掛けても入手しておくべきでしょう。

　最終的に、公開・非公開情報を合わせて、「競合は果たして何を武器にして、どのような戦い方をしようとしているのか」といった

将来についての仮説は持っておきたいところです。**分析の目的が、取り巻く環境を理解することであれば、単なる整理に終わらずに、どのように競合が変化しようとしているのか、ということに対する仮説まで深めておくことが必要です。**

④ KSFを読み解く

「市場・顧客」の分析と「競合」の分析をした上で考えておきたいのが、KSF（＝Key Success Factor）という概念です。日本語で言えば、「その業界で成功するためのカギ」になります。「勝負を決める大きな要因」と言えるかもしれません。

たとえば、缶コーヒー事業におけるKSFは、一般的に「自動販売機の数」と「プロモーション投資の大きさ」と言われています。缶コーヒーという商品に対して顧客が何を基準にどのように選んでいるか、ということを考えると、何よりも「身近に置いてあること」が重要です。

顧客は特定の缶コーヒーを求めて買い歩くことはあまりなく、一番近い自動販売機やコンビニエンスストアに置いてあるものの中から選ぶことになります。したがって、自動販売機の数と、コンビニエンスストアの良い棚を確保するためのプロモーション投資ということが勝負のカギになってくるのです。

こんな仮説を持って競合のシェアを見てみると、やはり自動販売機やプロモーション投資に比例しているということがわかってくるでしょう。

このように「市場・顧客」や「競合」を分析することにより、KSFに対する仮説を持っておくことはきわめて重要です。「市場・顧客」の情報量は増やそうと思えばいくらでも増えていきます。

KSFを定義するということは、「要するにいろいろ書いたけど、今の環境ではこれが大事なことです！」という形で、ばらばらな情報を集約し、明確なメッセージが打ち出せることになるからです。

⑤ 競争相手と世の中との対比で自社の「強み」を考え抜く

最後に３つ目のCである「Company」、自社分析を考えておきましょう。自社分析において外せないキーワードが「強み」という言葉です。

シンプルに考えれば、「強み」と言えることの条件は２つです。

● 競争相手と比べて秀でていること
● KSFを満たすことができること

この２つの条件を満たした時、初めてそれは「強み」と言えます。よく「うちは営業に相当力を入れているから」という理由だけで「営業力が強み」と書くような場合が見受けられますが、本来、そこで考えるべきは「競合と比べて相対的に営業が強いのか」ということであり、さらに「そのビジネスにおいて営業は本当に重要か」ということまで考えなくてはなりません。

営業力よりも、製品力やプロモーションがKSFであるような領域であれば、「営業が強み」とは言えないわけです。

もう１つ冷静に押さえておく必要があるのが、「その強みはいつまで続くのか」、「もし強みが強みでなくなることがあるならば、それはどういう瞬間に起きるのか」ということです。

当たり前ですが、強みを考える２条件である「競争相手」も「顧客」も変化をします。たとえ現状においてそれが強みだと言えたとしても、それがいつまでも続くことはありません。コスト構造の異なる海外企業の参入、ルールが異なる異業種の参入、技術の変化など変化を引き起こす要因は数えきれません。強みを定義する以上は、その強みを脅かす存在も冷静に見きわめておく必要はあるでしょう。

⑥ 自社の「強み」を考えるために バリューチェーンで分解してみる

「競争相手と比べて秀でていること」と書きましたが、そこを理解するのは難しいのが現実です。そのような時には、自社や競合をひと固まりで考えるのではなく、ある程度機能の塊で分解して、その塊ごとの比較をすることをお勧めします。

一般的には、このように機能ごとに分解することを「バリューチェーン分析」と呼びます。

図表1-3の例は、マイケル・ポーターの原典に照らし合わせれば、切り口が異なりますが、最終的に「強み」というものをあぶり出すことができれば、形や切り口の単位は何でも結構です。「競合と比べて何が秀でているのか」で思考が止まってしまった場合は、このように企業活動を細分化して具体的に見ていくことをお勧め

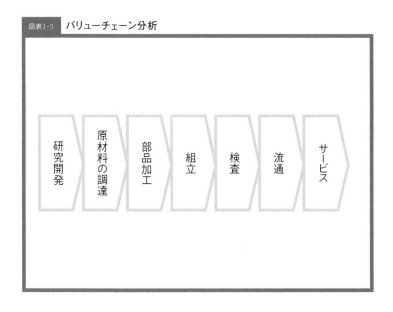

図表1-3　バリューチェーン分析

ます。

⑦ 分析には数字を入れる

　以上、3つのCに対する考察の深め方をそれぞれ見てきました。しかし、この3つのCを見る上で、どうしても陥りがちなポイントがあります。それは、それぞれのハコの内容が「定性的」、「主観的」になってしまうということです。

　実際の3C分析の結果を見るとよく出てくるのが、「大きい」、「減少傾向」といったような感覚的な言葉が並べられているケースです。しかし、数字がなくてはそのインパクトは計り知ることができません。

　「市場はここ数年で減少傾向にある」という言葉が書かれている場合と、「この3年間で全市場の売上規模は毎年平均5％減少している（その前の3年間は毎年平均2％成長）」という情報では、おそらく受け取るリアリティがまったく異なるのではないかと思います。

　大切なことは、数字を確認するためのひと手間を惜しまない、ということです。このひと手間を怠ると、個人の恣意的な感情に基づいた分析結果だけが一人歩きし、結果的に特定の人物の感情に基づいた意思決定が横行しがちになります。

　それを防ぐためにも、**「数字で表せることは数字で表す」**ということを常に意識しましょう。

　さらに定量化という観点で言うと、「普通の状態は何か？」ということを数値によって表すことができると効果的でしょう。

　「市場規模が今まで毎年3％成長しているのが普通」という業界と、「ほぼゼロ成長が当たり前」という業界では、同じ「毎年3％減少」という数字の意味合いも異なります。

　分析というのは、数字がなければその効力の半分も発揮することができません。「見落としがちなところを、具体的な事実をもとに語る」からこそ意味があるのです。そういう意味で、3C分析では

数字を忘れないことを基本動作としていただければと思います。

⑧ 3Cを「穴埋め問題」にしない

次の注意点は、3Cの「穴埋め問題化」ということです。

具体的には、3つのCのハコに対してそれぞれ事実を羅列して、空白が埋まったことで満足してしまうということです。

事実調査に時間をかけるほど、1つずつのハコの情報量は豊富になっていきます。新しい発見も数多く出てくるでしょう。しかし、大切なことは、「何のための3C分析なのか」です。その分析の目的を押さえていないと、情報を分厚くすることが目的化してしまい、「結局、何が言いたいんですか？」という問いに答えられなくなります。

もし自社の課題を突き止めることが目的なのであれば、「市場はこう変化して、それに対して競合はこういう対応をしている。したがって、成功のためのカギはこれである。しかし、自社はそのカギを満たすことができていない。そういった市場環境の変化についていけていないことが課題である」という形で、目的を踏まえた答えの一連の流れ（ストーリー）を作らなくてはなりません。

どれだけ事実が豊富にまとめあげられていたとしても、そこから何が言えるのか、という解釈されたストーリーがなければ、価値ある分析とは呼べません。

これはすべてのフレームワークでも言えることですが、3Cはとっつきやすく、「とりあえず」という形で目的意識があいまいなままで使われやすいため、この「穴埋め問題」は起こりやすくなります。

「何のための分析か」という原点に立ち戻り、事実と事実をつなげてストーリーを作ることをお勧めします。

図表1-4 穴埋め化された悪い3C分析

Customer

D県の特徴

- 教育熱心な家庭が多い
  ～が○%も存在
- 域内に有名私立校が存在
  数年後には新たに～も設立される
  可能性もあり
- 小学生も増加傾向にあり
  市場における年齢構成は～

D県の市場規模予測

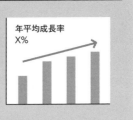

年平均成長率 X%

Competitor

D県におけるシェア

実質X社とY社の2強が市場を押さえている

その他 40%
X社 36%
Y社 24%

競合の特徴

X社、Y社ともにこの県だけに拠点を置くローカル企業。これといった強みもなく、サービスで秀でれば顧客獲得のチャンスあり

	強み	弱み
X社	…	…
Y社	…	…

Company

自社の業績と今後の見込み

ここ数年の業績は低迷気味。今後もこのトレンドが予測される

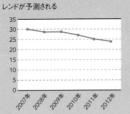

今後のあるべき方向性

多少離れているが、D県を攻略できれば、I県などの有望な地域攻略の足掛かりになるはずである

⑨ 時系列を意識したダイナミックな分析をしてみる

　そして、最後にお勧めしたいのは、3C分析を時系列に並べて分析することです。取り巻く環境について、私たちが知る必要があるのは、現状の状態もそうですが、将来、その環境がどう変化するのかということです。

　それを理解する上では、現状分析とともに、たとえば1年前、2年前はどうだったのか、ということもあわせて分析のテーブルに乗せて見ると、何がどう変化しているのか、あるいは変化していないのか、ということが理解できます。

　自分たちは「当たり前」と思っているようなことでも、具体的に分析結果を並べてみると、変化のスピード感やどこから変化が起きているのか、ということの認識が思い違いであるようなことも多いのです。将来の変化は過去の延長線上にあるとは限りませんが、少なくとも将来のあり方を占う1つの材料になることは間違いないでしょう。

　以上、自社を取り巻く環境を正しく理解するために必要な代表的なフレームワークとして、3Cを紹介してきました。業界の先行きが不安、将来が見通せないとモヤモヤ思い巡らせるだけでなく、時系列でデータを押さえ、そこからの解釈を言語化しておくことは、ビジネスパーソンとしての地力になります。

　そのためにも、まずは3Cという基本的なフレームワークを使いこなすところから始めてみていただきたいと思います。

推薦図書：
『ストーリーで学ぶ戦略思考入門──仕事にすぐ活かせる10のフレームワーク』グロービス経営大学院著、荒木博行執筆、ダイヤモンド社
『企業参謀　戦略的思考とはなにか』大前研一著、プレジデント社

CHAPTER

2

Accounting

CHAPTER

1

2

3

4

5

6

7

8

9

10

SECTION

01

—

05

会計から企業を
理解する力

CHECK LIST

会計から企業を理解する力
チェックリスト

本章を読み始める前に、チェックリストに○を付け、ご自身の状況を確認してみてください。○が少ない方は、2章をじっくり読むことをお勧めします。

1　お金や数字を正しく理解しなくては、仕事の質は高まらないと思っている　CHECK

2　何をやると、会計上どのような影響が出るのか、感覚的に理解している　CHECK

3　自社の売上高の具体的な数値を語ることができ、その数値を評価することができる　CHECK

4　自社の営業利益の具体的な数値を語ることができ、その数値を評価することができる　CHECK

5　自社のROAの数値や業界平均との比較を語ることができる　CHECK

6　運転資金の意味を理解した上で、自社の運転資金を評価することができる　CHECK

7　自社が固定費中心型ビジネスなのか、変動費中心型ビジネスなのかを理解している　CHECK

8　自社の損益分岐点売上高のレベル感を語ることができる　CHECK

2章では、会計について理解を深めていきます。この領域については、日々のビジネスを実践していく上で、直接的に触れることが少なく、なじみがないことから「なるべく避けたい」という思いをお持ちの方も多いのではないでしょうか。しかし、リーダーとしての仕事を遂行していくためには必要不可欠な能力であることは間違いなく、今後もその重要性が小さくなることはありません。

なぜ会計的な能力を身につけることが重要なのか、基本的なことから見ていきましょう。

SECTION

01

CHAPTER2_Accounting

会計は本当に
自分の業務とは
関係ないのか?

　なぜ、会計というと、「なるべく避けたい」という意識を持って
しまうのでしょうか。

　1つめの理由は、会計の領域が自分の業務とは直接関係がないと
考えていることにあります。しかし、会計の話は、経理や財務の担
当者が理解するべきことにとどまりません。これから成長していき
たいと思う人にとって、この領域への理解は不可欠です。

　「営業なので、受注を取ってくることがすべて」、「人事なので、数
字を直接扱うことはない」という心の声はあると思います。しかし、
視野が狭いと限界にぶつかります。部分的な解で評価されるのは、
担当者レベルまでで、マネジメント層に全社最適の視点は欠かせま
せん。全社最適を追求しようと思うのであれば、会計の概念は必須
になってきます。

　**会社という形のないものを理解する上では、「ヒトに対する感情
理解」、「モノにまつわるビジネスの仕組みの理解」、そして「カネ
の流れの理解」を深めることができて、ようやくスタートラインに
立つことができます。**

　「自分はピッチャーだから、打者を打ち取ることがすべて。チーム
の打率はあまり関心がないし」という意識では、ピッチャーとして
早晩壁にぶつかるでしょうし、何より野球というスポーツを楽しめ
なくなってしまいます。

SECTION
02

CHAPTER2_Accounting

会計用語や
ルールの暗記は不要

　苦手意識のもう１つの背景は、会計用語やルールを暗記しなくてはならないと思っていることです。特に簿記のイメージが強い人ほど、こういう思いを持っているようです。

　しかし、会計に直接かかわるわけではない多くの若手のビジネスパーソンにとって重要なことは、用語やルールの暗記ではありません。**大切なことは、日々の行動が最終的な結果として財務諸表にどんな形で表れてくるのか、ということをざっくりと押さえることです。**

　たとえば、体重や体脂肪などの数値と、日々の活動を結びつけるとわかりやすいです。一日三食、お腹いっぱい食事を取れば体重は増えます。逆に運動をしっかりやれば体重は軽くなるでしょう。そういったことを理解するために、体の細かな仕組みやメカニズムから勉強する必要はありません。

「こういうことをやり続ければ、おそらく体脂肪は増えるだろう」とか「ここまで走れば体重はこれくらい減るだろう」という、結果としての数値と行為をイメージの上で結びつけて考えられることが大事なのです。

　企業というのは結果にいたるまでの過程が非常に複雑なので、「最低限の仕組み」は理解しておく必要があります。体重を効果的に減らすために、ある程度の食事に対する知識や運動に対する知識が必要なのと同じです。ただ、普通に生活していくぶんには、それ以上の専門的な情報を持っている必要はありません。

SECTION

CHAPTER2_Accounting

03

数字の意味と評価の視点を理解する

　この先では、自社の会計にかかわる数字を知らない、もしくは知っていてもその意味を語ることができないという人を念頭に、基本的な事柄について、5つの点を抜き出して整理しました。

　この数字を理解する上で大切なことは、身近に存在する具体的な数字、つまり「自社の会計情報」と照らし合わせながら理解を深めていくことです。自社の決算情報を手元に用意してもらい、「自社はいったいどうなんだろう？」という視点と往復しつつ理解していただけると、より現実味が湧いてくるはずです。

　なお、それぞれの項目については、「その数字の意味」と「その数字をどう評価するか」という2つのポイントについて説明していきます。**「自社の営業利益は1,000万円ある」という数字を知ったところで、営業利益というのは何を指すのか、というのはもちろん、1,000万円という数字をどう評価したらいいのかを理解できていないと、意味のない数字になってしまうからです。**

　そして評価の時の重要なポイントは、「何かと比べる」ということです。営業利益1,000万円という額を何と比較すると評価ができるのか、その視点を押さえておけば、最低限の理解はできます。

　もっと知るべきことは多いですし、本来は業種や経営課題によっても押さえるべきポイントは異なるでしょう。ここで興味・関心を持たれた方は、章末に紹介する会計に特化した書籍をご覧いただければと思います。

38

SECTION

04

CHAPTER2_Accounting

5つの基本を理解する

① 「売上高」を理解する

　売上高というのは、顧客からいただく直接的な対価の集合体です。企業活動自体が社会にどれくらい大きな影響を及ぼしたか、ということを把握する尺度と言うこともできるでしょう。

「売上高ぐらい知っている」という人も多いと思いますが、マネジメント層を対象にした研修の現場などで、「御社の直近の売上高はいくらですか？」、「その数値をどう評価していますか？」、「その理由は何ですか？」と聞くと、質問を重ねるごとに答えに歯切れが悪くなっていきます。売上高は把握していたとしても、それをどう評価すべきなのか、という評価の視点が定まっていないという人は多いのではないでしょうか。

　売上高の評価における代表的な視点としては、「目標を達成したから」、「前年比〜％アップしたから」、「競合と比べて〜だったから」といった「目標比」、「過去トレンド比」、「競合比」などが考えられます。過去のトレンドについては、景気や異常値の可能性を排除するためにも、少なくとも３年くらいの流れは把握しておくべきでしょう。

　そういったポイント以外に加えたいのは、「資産に対して適切な売上高になっているのか」という視点です。資産をたくさん抱えれ

CHAPTER

1

2

3

4

5

6

7

8

9

10

会計から企業を理解する力

ば、当然、それに比して売上も向上してしかるべきでしょう。たとえば、60キロという体重が適正なのかどうか、ということを考える際に、身長を把握しないと答えられないのと似たような理由です。

　売上高も同じように、**「資産規模に見合った売上高」というものがあります。一般的には、資産規模に対して売上高は１対１の関係が目安になっています**。そして、この対比において、売上の比率が１対１を超えて高まるほど、少ない資産を有効活用して売上につなげている、ということになり、高い評価につながります（もちろん、売上を上げるために多くの資産が必要になってくる設備装置産業のような業界もあるので、業界平均をチェックする必要があることは言うまでもありません）。

　売上高を総資産で割った値を「総資産回転率」と呼びます。

　先ほどの話では、総資産回転率は、１回転以上が望ましい状態、と言い換えることもできます。いずれにせよ、売上高を見る際には、「資産を効果的に活用した売上高になっているのか」という視点は

図表2-1　**総資産回転率の求め方**

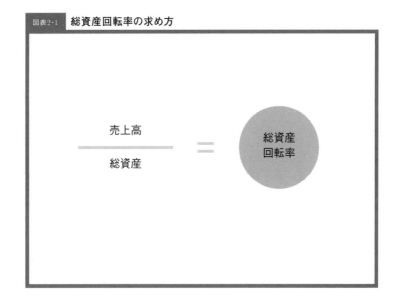

持っていただきたいものです。

② 「営業利益」を理解する

営業利益とは、「売上高」から、「売上原価」、および「販売費・一般管理費（販管費)」を差し引いて残った利益のことを指します。

ご存知の通り、営業利益以外にも、損益計算書（P／L）上にはさまざまな利益が存在しますが、ビジネスの本質を理解する上で優先順位が高いのは営業利益です。それは、営業利益を見れば、「本業でどれだけ付加価値を上げているのか」ということを把握することができるからです。

※本業とは、大まかに言えば、製薬業であれば製薬、エレクトロニクス業であれば、エレクトロニクス、ということです（実際には、この「本業が何か？」ということは、企業の定款において自社の事業として定められているかどうかによります）。

企業は、最終的な損益に影響を与える活動として、本業活動以外にも、金利の支払いや株の売買による収益、突発的な災害対応など、収益にかかわる事象が多く起きています。そういった企業活動全般をトータルで見る時には、「純利益」を見ればよいのですが、現場の社員にとってはノイズが多く含まれすぎていて、その意味合いを正しく読み取るのは困難です。それに対して、営業利益というのは、シンプルに本業で上げた収益のみを把握することができます。したがって、「果たしてビジネスそのものは儲かっているのか」ということをダイレクトに理解することができるのです。

つまり、**営業利益で目指すレベルの額が出せていないということは、顧客にその価値が認められていない、競合との戦いにおいて優位性が発揮できていない、もしくはコストにおいてどこかに非効率なところがあるなど、ビジネスにおいて何らかの課題が発生している、ということでもあります。**

図表2-2	営業利益の求め方

売上高

━ 売上原価

売上総利益

━ 販売費・一般管理費

営業利益

　では、営業利益を把握した上で、これをどう評価すればよいでしょうか。

　売上高と同様に「目標比」、「過去トレンド比」、「競合比」というポイントは押さえておくとして、そのほかに見るべきは、売上高に対して営業利益がどれだけなのかという「営業利益率」という数値でしょう。

　この営業利益率の数値が高いということは、収益性が高い魅力ある商品やサービスを持っていることを意味します。業界や景気によって営業利益率は大きく異なるため、一概に目安を申し上げることはできませんが、過去のトレンドや業界比較の視点は押さえておくとよいでしょう。

③ 「ROA」を理解する

　ROAというのは、Return On Assetの頭文字を取った会計用語であり、「総資産利益率」と訳されます。抱える資産に対して、ど

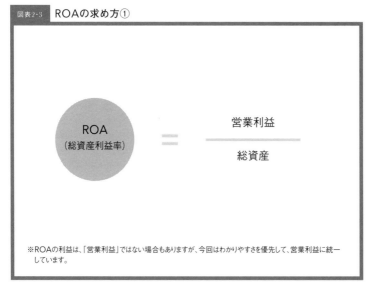

図表2-3 ROAの求め方①

※ROAの利益は、「営業利益」ではない場合もありますが、今回はわかりやすさを優先して、営業利益に統一しています。

れくらいの利益を生み出しているのかということであり、資産をどれくらい有効に活用できているのかを把握することができます。数式に表すと図表2-3の通りになります。

ちなみに、先に述べた「総資産回転率」と、「営業利益率」を掛け合わせても、ROA（総資産利益率）の値を算出することができます（図表2-4）。

ROAというのは、資産、つまり銀行から借りた資金や株主資本を元手に、それらをどれだけ効率的に利益につなげられているのか、という「利回り」を表す数値です。

当然ながら、預かっているものをベースに高い利益を生み出すことができているのであれば、「高利回りである」ということであり、さらにお金は集まりやすくなります。

結果としてそのビジネスはさらに拡大していく可能性があるでしょう。

その「利回り」としてのROAは、ROAの構成要素が営業利益率

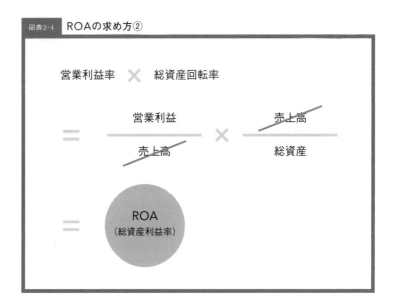

であるということからすると、これも業界や景気に大きく影響されることがわかります。

さて、自社の利回りを計算するとどれくらいあったでしょうか。「営業利益率」、「総資産回転率」、との一連の流れでROAも自分の引き出しにしまっておきましょう。

❹ 「運転資金」を理解する

運転資金とは、言い換えれば、ビジネスを日常的に回していくためにどれくらいのお金を使っているか、ということです。

具体例で考えてみましょう。1つの製品を作るのに原材料として1,000円分の調達をしなくてはならないとします。その商品は1,500円で売れるとしましょう。1つ売れれば500円の利益です。しかし、このビジネスを評価する上で忘れてはならないのが、運転

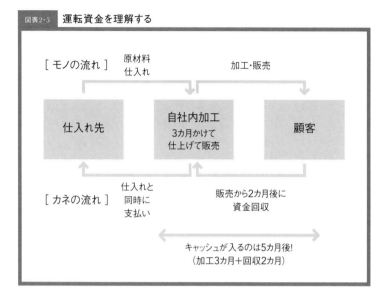

図表2-5　運転資金を理解する

資金です。

　たとえば、その1,000円の仕入れの際、即金で1,000円を調達業者に支払うという契約になっているとします。また、その一方で原材料から完成品に仕上げるまでに3カ月かかり、さらに売った商品の1,500円分の資金回収は顧客の都合で2カ月後になってしまうとしましょう。

　そうすると、少なくともこのビジネスを回すためには5カ月分のキャッシュが初めから必要になります。この会社は損益計算書（P/L）上では売れば売るほど利益は出ていきますが、もし回収が始まる前段階で金融機関の貸し出しが止まったりすることになれば、その途端に倒産となってしまいます。こうやってお金の出入りのタイムラグのマネジメントに失敗して潰れてしまうことが、世に言う「黒字倒産」の構図です。

| 図表2-6 | 運転資金の求め方 |

運転資金

=

売掛金 + 棚卸資産 − 買掛金

　それではまずは運転資金の見方を説明します。

　貸借対照表（B/S）に「運転資金」という項目があるわけではありません。「売掛金」、「棚卸資産」、「買掛金」という項目を抜き出して計算することによって理解することができます（図表2-6）。

　企業の一般的なビジネスの流れで考えてみましょう。その流れは大きく、図表2-7のフローになります。そして、この3つがそれぞれ買掛金、棚卸資産、売掛金に該当します。

　では、自社の運転資金が相対的に大きいか小さいか、ということはどう判断すればよいのでしょうか。

　ここでは2つのアプローチをご紹介したいと思います。

　1つ目は、運転資金自体の「大小」を見るのではなく、「増減」を見るということです。

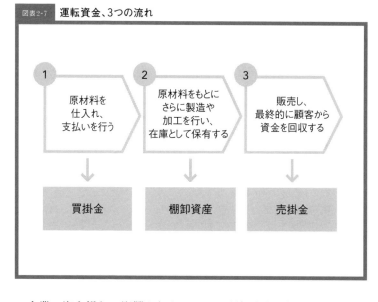

図表2-7　運転資金、3つの流れ

　企業の資金繰りに影響を与えるのは、運転資金の絶対量というよりも、まずは増減です。運転資金の金額がいくらになろうと、それが等しい金額規模で回っている限り、キャッシュの流出は起こりません。

　問題はその運転資金が増えるタイミングです。運転資金が増えればキャッシュの流出につながり、それが企業経営に影響を与えていきます。したがって、まずは自社、自事業の運転資金の推移を見ることを心がけるべきでしょう。

　ただ、やはり絶対量で同業他社などと比較したいという場合には、「キャッシュコンバージョンサイクル」をベースに業界内での比較をしてみるのがよいです。キャッシュコンバージョンサイクルは、図表2-8の数式で算出することができます。

　つまり、運転資金を具体的な日数で表現した数値であり、ビジネスをしてキャッシュを手にするまでに何日必要なのか、ということ

図表2-8　キャッシュコンバージョンサイクルの求め方

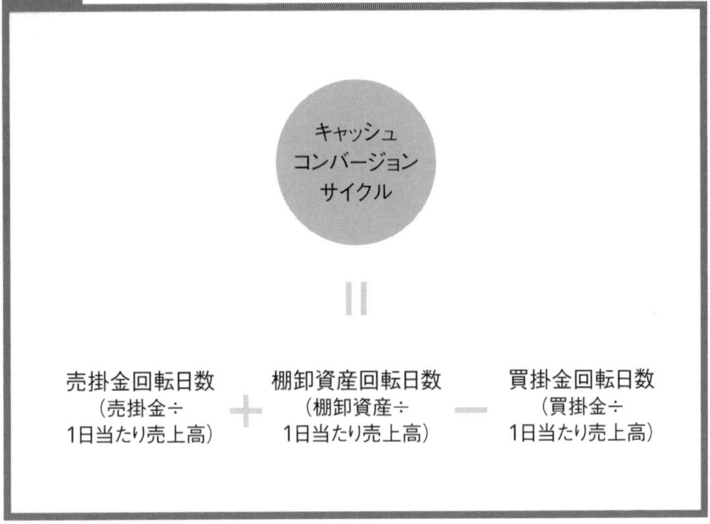

キャッシュ
コンバージョン
サイクル

＝

売掛金回転日数
（売掛金÷
1日当たり売上高）

＋

棚卸資産回転日数
（棚卸資産÷
1日当たり売上高）

－

買掛金回転日数
（買掛金÷
1日当たり売上高）

を見るための指標となります。

　運転資金は企業規模によって当然、その金額は変わってきますが、**キャッシュコンバージョンサイクルはそれを売上高などの規模で割りますので、企業規模に関係なく横並びで数値を比較することが可能となります。**

　キャッシュコンバージョンサイクルは、業界、業種によって異なります。たとえば、医薬品であれば、だいたい150日間、機械は100日間、鉄鋼は70日弱、商社は30日程度、というように業界によって大きなぶれがあります。それぞれ求められる初期投資やビジネスを行う上で必要最低限な在庫量などが異なるために、こういった差異が発生します。

　このキャッシュコンバージョンサイクルの日数を業界平均と比較して、自社を評価してみるのがよいでしょう。

⑤ 「損益分岐点」を理解する

　最後に、損益分岐点について理解を深めていきましょう。いきなり損益分岐点に入る前に、「固定費」、「変動費」という言葉を整理しておきたいと思います。

　たとえば、皆さんの会社の売上が100億円で、5億円の営業利益を上げているとします。この会社の売上が2倍になった時、営業利益はいくらになるでしょうか。

　「営業利益も2倍の10億円……」と答えたいところですが、おそらく営業利益は2倍以上になるでしょう。売上が上がればそれに比例して上がるコストもありますが、売上が上がってもまったく変わらないコストもあるからです。

　たとえば、仕入原価や販売手数料のようなものは売上に比例して変動しますが、工場に設備投資した費用（減価償却費）や建物の賃借料、人件費のようなものは、売上に関係なく一定金額で発生しているはずです。

　このように、売上に比例して発生する費用を「変動費」、そして売上とは関係なく発生する費用を「固定費」といいます。

※実際の費用の中には、変動費と固定費を厳密に区分できないものも存在します。たとえば、残業手当などはかなり判断に迷うでしょう。したがって、分類においてはある程度項目ごとに大雑把に分けてしまうか、回帰分析などの手法を通じて売上との関係性を機械的に判断していくといったやり方があります。

　ビジネスは大きく、コストに占める固定費が少なく、変動費の割合が高い「変動費中心型ビジネス」と、固定費が多く変動費の割合が低い「固定費中心型ビジネス」というパターンに分類することができます。

　変動費中心型ビジネスの代表例は、スーパーなどを中心とした小売・卸売業が該当するでしょう。コストに占める割合は仕入原価という変動費が中心になるからです。

| 図表2-9 | 変動費と固定費 |

変動費
売上高に比例して発生する費用
仕入原価、販売手数料など

固定費
売上高に関係なく発生する費用
減価償却費、賃借料、人件費、
研究開発費など

　実際に小売・卸売業の変動比率（売上に占める変動費の割合）は
８割くらいが平均です。固定費中心型は、たとえば巨大な設備と航
空機という固定費がコスト構造の中に大きく占める航空業、もしく
はホテル業などが該当するでしょう。

　また、大企業においては、企業規模に比例して人件費や売上とは
関係ないバックオフィスのコストなどが増えていくため、固定費中
心型にシフトしていく傾向があります。

　さて、ではこのように変動費や固定費といったコスト構造を知る
と何がわかるのでしょうか。それは**「そのビジネスで利益を出すた
めに必要な最低限の売上」、すなわち損益分岐点を理解すること**が
できます（図表２－10）。

　ここでは細かい説明は省略しますが、変動費中心型のビジネスで
あれば、損益分岐点、つまり利益を出すための最低限の売上は少な
くて済みます。しかし、損益分岐点を超えたあとの利益の伸びもそ

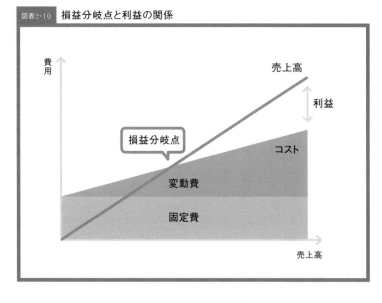

図表2-10 損益分岐点と利益の関係

れほど大きくはなりません。つまり、変動費中心型のビジネスは、「ローリスク・ローリターン」ということが言えるでしょう。

固定費中心型のビジネスは、その逆になります。つまり、損益分岐点は大きくなる一方で、そこを超えたあとの利益は大きく期待できます。「ハイリスク・ハイリターン」型のビジネスと言えます。

損益分岐点は、決して低いから良いとか、高いからダメだということではありません。それぞれリスクの取り方が違うため、戦い方も異なる、ということです。損益分岐点の高い固定費中心型ビジネスであれば、調子のいい時は利益も大きく出るために概して強気になりがちです。

そこでさらに固定費投資などを行うと、一転、景気が悪化した時には一気に赤字に陥ってしまう、ということになります。したがって、儲かっている時ほど気を引き締めなくてはならないとも言えるかもしれません。

一方で変動費中心型というのは、低いリスクでスタートできるものの、なかなか規模を大きくしにくいビジネスとも言えます。ある程度競争力がついた段階で、スケールアップをしていくために固定費中心型へビジネスモデルを切り替える場合が多いのですが、この切り替えのタイミングや切り替え方で間違えると、一気に赤字に陥ることも多いのです。

　大切なことは、まずは自社のコスト構造を把握し、損益分岐点が低いのか高いのか、そのビジネスのタイプを理解することです。そうすれば、「なぜ今うちの部署はこれだけの売上を求められているのか」とか、「なぜここまで人件費を減らせ、と言われているのか」といった疑問についても、理解が深まるはずです。

SECTION
05

CHAPTER2_Accounting

財務諸表を
予測する視点を持つ

　ここまで、お金の流れを理解する、という観点で、5つの主要項目について簡単に見てきました。本書では基本項目のみに触れる形にしましたが、今後の学習に向けて1つ意識していただきたい視点があります。それは、リーダーとして、「会計を過去の理解だけにとどめるのではなく、将来を予測するツールとして財務諸表を活用してほしい」ということです。

　基本的な項目を押さえることができれば、それらのベースを踏まえて、「今後のお金の流れはどうなっていくのか」という予測を立てる（予測財務諸表を作成する）ことが可能になります。

　言うまでもなく、リーダーとして求められるのは過去や現状の分析だけではありません。将来どうなるのかを予測し、そして実行した結果として、その予測通りに行ったのかどうかを検証する。もし予測通りでなかったのであれば、何がずれていたのかを確認し、そして修正していく。このようなPDCAサイクルが求められるわけですが、**予測財務諸表を作成する、ということは、まさにPDCAのPの部分を定量化することに該当します。**

　したがって、まずこの5つの項目を通じて「過去や現状を読み解く」視点の財務諸表の基礎固めをし、予測財務諸表という観点もあわせ持ちながら、会計知識の基礎を固めてください。

　会計の世界は無限の広がりがありますが、最低限の知識さえ持つ

ていれば、たいていのことを読み取ることができます。

　冒頭に記載した通り、「苦手」というレッテルを貼って目を背けることがないよう、これを機会に会計力向上に励んでいただければと思います。

推薦図書：
『グロービスMBAアカウンティング［改訂3版］』西山茂監修、グロービス経営大学院編著、ダイヤモンド社
『ビジネススクールで身につける会計力と戦略思考力』大津広一著、日経ビジネス人文庫
『決算書がスラスラわかる 財務3表一体理解法』國貞克則著、朝日新書

CHAPTER

CHAPTER 1

2

3

3

Knowing
your organization

4

5

6

7

8

9

10

SECTION

01
—
05

組織の文化・クセを
理解する力

CHECK LIST

組織の文化・クセを理解する力
チェックリスト

本章を読み始める前に、チェックリストに○を付け、ご自身の状況を確認してみてください。○が少ない方は、3章をじっくり読むことをお勧めします。

1　組織文化が業務にどのような影響を与えているかを理解している

CHECK

2　自分たちの組織がどんな考えや価値観、行動を奨励しているのかがわかる

CHECK

3　他部署と調整や交渉する場合には、どのようなルートでどのような方法で調整したら合意形成しやすいか、また逆にやってはいけないことは何かがわかっている

CHECK

4　組織形態や人事制度によって組織の意識や行動をどう変えたいのか、会社の意図や背景を読み取れる

CHECK

5　自社の理念や、自分たちの考える「会社らしさ」について、自分の言葉で思いを込めて説明できる

CHECK

6　組織のリーダーとはよく話す機会があり、リーダーがどのような想いを持って、どのような組織にしたいのかをよく知っている

CHECK

7　日頃から自分のチームの雰囲気、文化を良くするために、心がけている行動や、意識して繰り返し伝えている言葉がある

CHECK

3章では、組織文化や組織のクセを理解することについて考えていきます。

組織文化の話は抽象度が高い話になりがちなので、さっそく事例を見てみましょう。

- 営業企画担当として、新しい営業支援策を各事業部に説明にいくと、ある事業部では「必要ですね」とすぐに理解してもらえたにもかかわらず、隣の事業部では猛反発にあった
- 営業として厳しい顧客を担当しており、毎度納期を交渉しているが、自社の物流部門や購買部門に対応をお願いしに行くと、「いつも営業は、物流に理解を示さず無理難題を押しつける」と常に揉める
- ベンチャー企業から大手企業に転職。会議ではあまり若手が意見を言わず、古株の社員が前例踏襲で物事を進めることにストレスを感じていた。採用の際に事業部長が「ぜひ新しい風を社内に吹き込んでほしい」と言ってくれたこともあり、「前例踏襲では新たな価値は生み出せない」と問題提起をしたら、「入社したばかりなのに何がわかるんだ」と、冷ややかな目線で見られるようになった

いずれも、戦略、戦術、組織の特性などを理解できていないことに加え、組織の文化や空気を読めずに物事を進めようとして、うまくいかなかったり、思わぬ抵抗にあっているように見えます。組織文化や組織のクセを把握し、うまく活用しなければ、ビジネスの実行力は高まりません。これが組織文化をリーダーが理解しなければならない最大の理由です。

ここでは組織文化とは、「組織のメンバーがお互いに共有している考え方・価値観、そこから現れる行動様式や規範などの集合体」と定義します。つまり、無意識に当たり前のように持っている考え

や価値観であり、自然に行動していることや、こうあるべきと皆が理解しているルールのことです。

　会議などでメンバーが意見が言いやすく、上司も肩書ではなく「さん」づけで呼ぶようなオープンな文化もあれば、階層ごとの役割にこだわる官僚的なやり方を重んじるような文化もあります。
　目標達成志向が強く、やると決めたら最後までやりぬく文化もあれば、何か目標を掲げてもどこかあきらめがちで、なかなか行動に移らない文化もあります。
　具体的に組織文化に対する理解を深めていくためには、次の5つの視点が役に立ちますので、次節以降で個別に見ていきます。

● 企業理念
● 組織形態
● 人事制度
● マネジメント層のリーダーシップスタイル
● 行動様式

組織文化の担い手はあなた　　　　　COLUMN

　組織文化の話になると、
「うちの会社は内向きなんだよね」
「皆が上ばっかり見て、メンバーを大事に思ってないよね」
「結果ばかり追って、本当に顧客のことを考えていないよね」
「トップがああだから、うちの会社は変わらないんだよね」
　など、組織に対する不満も聞こえてきます。これらに共通しているのは、他人の責任にしているところです。組織の文化にトップが大きな影響を与えるのは事実ですが、私たち自身には

その責任はないのでしょうか。

　文化は誰か一人が作るものでもありませんし、1日にしてできるものでもありません。リーダーが毎日少しずつ遅刻しているようなら、メンバーはそれで良いのだと、遅刻し始めるでしょう。遅刻は良くないと思いつつも、それがとがめられることがなければ、メンバーもそれのほうが楽なのでそちらに流れていってしまいます。結果的にチームの規律が緩み始めます。

　一方で、毎朝明るく元気に挨拶をするメンバーが一人いるだけで、チームは明るく業務を始めることができます。組織の文化を作るのは、私たち一人ひとりなのです。

　すでにチームのリーダーになっている人は、いろいろなことを意識しているかもしれませんが、組織文化をつくるという観点ではどうでしょうか。

　メンバーからはリーダーの「行動」しか見えません。自分は責任感を持ってやっているとか、覚悟を持っているとか、メンバーに愛情を持っているとか、顧客を大事にしていると思っていても、それはメンバーにはわかりません。その意識から**「行動」に表れて初めて部下は認識し、その行動の積み重ねが、そのチームの文化を決めるのです。**

　リーダーは、自分の行動が文化をつくり出しているということを自覚する必要があるのです。

SECTION 01

CHAPTER3_Knowing your organization

企業理念の意味を理解する

　自分の会社にも理念は掲げられているが、あまりピンときていないという人もいるかもしれません（そのような方は、ぜひ自社の理念などを確認してみてください）。しかし、一般的に**企業理念は、企業が社会における存在意義である「ミッション」と、企業が大事にしている「価値観」を表しており**、文化にも大きな影響を与えます。

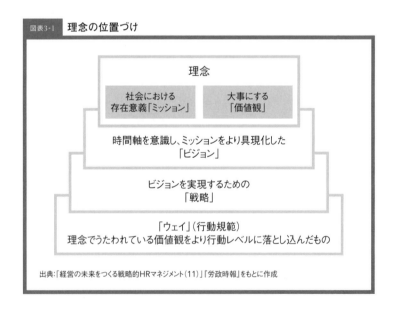

図表3-1　理念の位置づけ

出典：「経営の未来をつくる戦略的HRマネジメント(11)」『労政時報』をもとに作成

トヨタ自動車、ジョンソン・エンド・ジョンソン、ディズニーランドを運営するオリエンタルランドなどは、理念を大切にしている会社として有名です。

たとえば、2011年の東日本大震災の時のディズニーランドの素晴らしい対応は、ニュースでも取り上げられたので、皆さんも記憶に新しいと思います。

震災当時、ディズニーランドには7万人の来場者がいました。その時、キャストと呼ばれるスタッフたちが、冷静に「大丈夫です、落ち着いてください」、「その場に座ってください」と指示をし始めました。危なくないように売り物のぬいぐるみを「これで頭を守ってください」と個々の判断で来園者に渡し、空腹をしのげるように同じく売り物のクッキーやチョコレートを配り始めました。

キャストは10代や20代の若手アルバイトが中心。なぜこのような対応ができたのでしょうか。

ディズニーランドには、GIVE HAPPINESS(幸せを提供すること)という理念があり、キャストの約9割を占める若手アルバイトにも、1日かけて創業者のウォルト・ディズニーの想いを伝えるなど、理念の教育が徹底されています。

そしてディズニーランドには、「SCSE」という行動基準があります。「SCSE」は、Safety（安全）、Courtesy（礼儀正しさ）、Show（ショー）、Efficiency（効率）の頭文字を取ったもので、これらがすべてのキャストの判断や行動のよりどころになっています。この並びは優先順位を表していて、最初のSは楽しませるShow(ショー)ではなくて、安全なのです。

来園者が安全で安心できる場があってこそ、楽しんでもらえる、という考え方で、年180回にわたる防災訓練をし、判断基準を明確にしていたおかげで一人ひとりが自立的に判断できたのです。

このように、**理念や行動指針を理解し共感し、自分ごととしてと**

らえていれば、求心力や凝集性が高まり、判断のよりどころや優先順位が明らかになるため、意思疎通や行動のスピードが迅速になるのです。

自社の理念を自分ごととして捉えるために、次に挙げる3つのことに取り組んでみてください。

① 自社の歴史やエピソードを読み、ストーリーを感じる

社史などで自社の歴史を読んでみてください。創業者のメッセージや社員の伝説のエピソードが残っている会社もあるでしょう。

特に創業者がなぜこの会社を立ち上げたのか。どのようなエピソードがあったのか。創業当初を知っている社員や、長寿企業であれば、理念を体現しているような人に、どのように理念を感じているかを聞いてみることもお勧めします。

いずれにしても、自社の歴史を理解することは、求心力を高めるのに役立ちます。

② 自らの仕事が社会にどのように役立っているかを 経験ベースで考える

自社の歴史も大切ですが、それ以上に大切なのは、自分の経験をベースに、今の自分の仕事が社会にどのように貢献しているのかを考えることです。

ある電力会社の人は、東日本大震災で電力制限が行われた当時の体験を通じて、今までは当たり前だと思っていた自分たちの仕事が、どれほど社会のインフラを支えてきたのかという事実を体感し、これからも人々の生活を支えていきたいと話していました。

ある食品会社のマーケティングを担当している人は、自分たちの商品をおいしいと食べてくれているお客様を実際に見るたびに、自分たちの商品が人に喜びや笑顔を提供できていることを感じている

と言っています。このように、日頃の仕事を通じた実体験から、自分たちがどのような価値を社会に提供しているのかを感じ、その上で自社の理念を見てみると、なるほどと共感できることが多いはずです。

③ 自分自身の価値観を理解する

　自分の勤務する企業の理念に共感するという状態は、その理念と自分が大事にしている価値観が近い時に起こります。

　理念を自分ごととして捉えるためには、自分自身が何を大切にしているのかを知る必要があります。自分自身の価値観を確認するために、どのようなことを考えればよいか、いくつか問いを紹介します。

- 自分の過去の仕事や人生の経験の中で、楽しかったこと、達成感を感じたことは何か、なぜそう感じたか、どんな要素があったか
- 過去の仕事や人生の経験の中で、挫折経験や怒りや憤りを感じたことについて、なぜそう感じたか、自分の大事にしている何を守りたかったのか、譲れなかったのか
- 尊敬する人物や憧れる仕事は何か、なぜ憧れるのか、どんな要素があるからか

　ワクワクしたことや憧れに関しては、自分が動機づけられたことなのでイメージが湧きやすいと思いますが、挫折や怒り、憤りの経験なども大切です。

　価値観は、自分自身の経験を通じて感じるものなので、ぜひ時間を取って振り返ってみていただきたいと思います。できるなら複数人で一緒に話し合いながら振り返ることをお勧めします。

自分らしい価値観というのは、自分では気づくことが難しく、他の方との比較において、自分が人と違っているところや、強く共感することから気づきを得やすいものです。

CHAPTER3_Knowing your organization

SECTION

02

組織形態が与える
影響を理解する

　組織がある程度大きくなってくれば、営業拠点や部署やフロア、チームが違うだけで、それぞれの単位の組織で文化が違ってきます。その違いを生むメカニズムを具体的に見ていきましょう。

❶ 組織の構造と文化の関係性を理解する

「組織は戦略に従う」と経営学者のアルフレッド・D・チャンドラーJr.は言っています。環境や戦略によって組織は決まるということです。

　組織の変更はメンバーに与える影響が大きいため、人の意識や行動を変えるにはとても効果的な手段であり、組織の文化への影響も非常に大きいです。

❷ 機能別と事業部別による違いを理解する

　組織には、大きく製造、営業、研究開発、購買、財務、人事、法務、総務など、仕事の機能で分かれて、複数の市場別・製品別の業務をまとめて行う機能別組織と、北陸・関東・東海などの市場別や、金融・流通・官公庁などの顧客の業界別、製品別などの対象によって分割する事業部別組織の2つがあります。

　たとえば、家電のメーカーで、アジア、北米、ヨーロッパの海外支社に現地の営業機能があり、日本に本社で生産・開発部署がある

としましょう（図表３-２左）。海外支社では、それぞれの国のニーズが違うため、そのニーズに応じた製品開発をしてほしいという依頼を本社に出しても、本社の開発部署は各地域のニーズを細かく聞くより、より標準化した商品で効率的に他の地域でも販売できる製品を開発したいと思うかもしれません。

　市場に寄り添う海外支社と、効率性を求める本社開発・製造部署では、基本的な考え方や価値観が違うことを理解した上で調整しなければなりません。

　一方で、海外市場の製品ニーズがかなり異なり、そのニーズに応じてスピーディーに製品を投入しなければ事業拡大できない場合、各海外拠点に製造・開発・生産拠点を設けて事業部制にするという判断もあり得ます（図表３-２右）。こうなると、開発・生産は各海外市場のために意識が向き、営業と連携がしやすくなるでしょう。

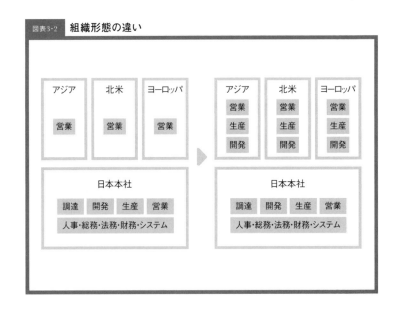

図表3-2　組織形態の違い

このように、機能別組織は同じ仕事の業務に集中するので習熟度や専門性が高まり効率的になる一方で、各機能の仕事特徴、独特の考え方や価値観、行動特性が強化されるので、各機能同士で横の連携が必要になった時は、対立しやすくなる場合があります。

　他方で、市場別や商品別などの事業部別組織は、製造から営業まで一体となっているので、顧客別、商品別への対応力や意識は高くなりますが、同じ業務同士で、違う市場や商品についてノウハウを共有し合うなどの意識が弱くなります。

　いずれの組織もメリットとデメリットがあり、形成される文化は違いますが、組織の切り方によって同じ仕事であってもどのような文化が形成されがちか、また、組織形態を変更した時にはどのような文化にすることを意図するのか、についての理解が必要です。

　もう一つ典型的なケースとして、営業組織の例を見てみましょう。同じ営業でも顧客が違えば大切にすることは違います。個人向けの営業は、個人顧客に対してどのように共感してもらい広めていくかという発想を持ちますが、法人顧客の場合は、その法人の担当者がいて、その担当者や意思決定のキーマンをどう攻略するかが大切なため、担当者との長期的な関係構築に重きを置きます。

　同じ法人営業でも、大企業１社を担当している組織と、100社を攻略しようとする組織とでは、当然、文化も違ってきます。

　このような「違い」を知るには、実際に携わっている人に聞いたり、現場を見るのがよいでしょう。筆者は前職で法人営業をしていました。顧客からの急な納期調整などが多く、物流の人とよく仕事をしていましたが、なかなかこちらのことをわかってもらうことが難しく、困っていたことがありました。

　何度か物流センターの現場まで行ったことがありますが、広大な敷地の中で物流の手配や調整をしていて、この中で特別なオペレー

ションをすることがどれだけ手間をかけることなのかを肌で感じました。それ以降、依頼の仕方も大きく変え、結果として相手からの理解にもつながったことを覚えています。

　相手の仕事のことをより現場感を持って知ることができれば、その仕事をする上で大事な考え、価値観がわかるようになり、それが文化理解につながるのです。

SECTION 03

CHAPTER3_Knowing your organization

人事制度が与える影響を理解する
（採用・配置・育成・評価・報酬）

　人事制度は自社の理念や戦略を実現するために、自分たちがどう行動すべきかのルールを明文化したものであり、組織メンバーであれば皆守らなければならないものです。

　そのため、**人事制度にどのような意図があるのかを押さえることは、企業文化理解にもつながります。**

　"ホテル運営の変革者"になるべく、常識にとらわれない新しい

図表3-3　**人事システムの基本構成**

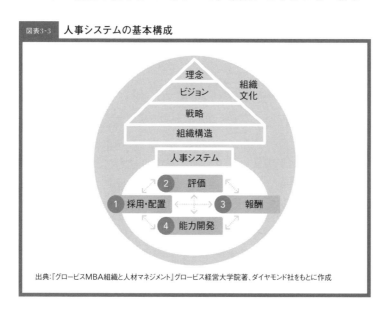

出典：『グロービスMBA組織と人材マネジメント』グロービス経営大学院著、ダイヤモンド社をもとに作成

リゾート運営を展開する星野リゾートの事例を紹介します。

　星野リゾートは1904年に軽井沢の開発を開始し、100年以上の歴史を持ちますが、4代目の星野佳路社長のもとで改革を進め、全国的なリゾート企業に成長しています。

　同社はHospitality Innovatorというビジョンを掲げ、スタッフ一人ひとりが自分ごととして一丸となって達成していくことを目指しています。

　スタッフ自ら判断し、フラットな組織文化を維持するために、特徴的な組織と制度、業績評価システムなどがあります。

　組織形態は、総支配人の直下にユニットというチームを置いて、階層を最小限にしています。ユニットのリーダーや総支配人は立候補制を基本とし、立候補した人はプレゼン大会で自分の提案を他のスタッフの前で語り、選出は投票によって決まります。

　また、公募制度や異動希望調査の制度もあり、一貫してフラットな文化で自発性を促す制度になっています。

　また、人事制度のほかに業績評価として、施設ごとに、経常利益率20％、顧客満足度、低環境負荷度を表すエコロジカルポイント、という3つの指標を明示しています。

　これらを実現するために、採用のホームページでも理念やミッションは掲げられ、エコロジカルの指標でもある環境負荷の観点から、煙草を吸う人を採用しないなど、一貫した施策を取っています。

　筆者は実際に星野リゾートに何度か宿泊したことがありますが、すべてのスタッフが、イキイキと顧客の期待を超えるサービスを提供する心持ちで接客してくれ、そこから「星野リゾートらしさ」を常に感じます。

　このような「らしさ」は組織文化があるから感じるものであり、また、組織の理念、組織形態、人事制度など、フラットで自律的な組織文化にしようとする意図が整合しているから生じるものでしょ

う。

どのような組織も人事制度には必ず意図がありますので、制度の背景、目的を理解して、どのような組織文化をつくろうとしているかを理解することが大切です。それでは、具体的にどのような観点で、仕組みや制度から文化を読み解けばよいか見ていきましょう。

① 人事制度のポリシーを確認する

人事制度の設計の思想として、どのような目的や思想があるかを、自社の人事制度の冒頭や採用ホームページなどから確認するとよいでしょう。

先ほどの星野リゾートであれば、採用ホームページに「フラットな組織文化」、「自らキャリアをつくるための制度」などと書かれています。

トヨタ自動車では、「トヨタの成長の源泉は人材育成にあり。トヨタの人材育成は職場と自主性」と書かれており、人事制度の詳細が紹介されています。組織文化をつくるのは人であり、自社の企業文化に合う人材を採用するために、それぞれの会社が自社の組織文化を言葉にした上で、求める人材像を明示しています。

② 採用・育成・評価・昇進・報償・配置転換から、意図を読み取る

人事制度・システムは自社の文化に合い、活躍できる良い人材を採用し、育成し、評価・昇格・報償で報い、適材適所に配置して活性化するために存在しています。そのため、把握すべきことは、会社は「どのような人材であるべきだ」と考えているのか、そのような人材の集団にするために、「どのような制度で促そうとしているか」ということです。

組織の文化に合う人を採用しないと、価値観の相違から本人と周囲の間に不協和音が生じ、うまく機能しなくなります。新しい人が

入り、組織の雰囲気が悪くなるというのはよくある話で、どのような人材を組織に採用するかは組織にとってはとても大切です。

　基本的に人事では、どのような人材を採用したいか定義しており、面接では、自社に必要な能力要件と、本人の志向性と組織文化の相性を確認しています。採用の現場で「この人は自社の人らしくないな」と話されることも多いものです。

　たとえばブライダルの企業であれば、第一印象での人柄の良さ、明るさや、相手に対する思いやり、おもてなしの気持ちなどを大切にするでしょうし、新規事業をどんどん立ち上げていく会社であれば、とにかく前向きで、くじけず、新しいことへの好奇心が強いなど、その企業の文化に合う価値観の人を採用しようとします。

　自社の採用要件がわからない場合には、人事の採用を担当している方に直接聞き、実際に今いる社員を見てそのような人が多いか確認してみるとよいでしょう。

　また、評価・昇進・報償などにおいて、人をどのような基準で良し悪しを決め、どのように報いるかは、組織がどのような人を評価しているかのメッセージとなります。

　たとえば、若手でもどんどん昇進させるのであれば、やる気と能力があればチャンスをどんどん与える、というメッセージとなりますが、降格されて再起できなくなれば、挑戦を恐れる文化ができてしまいます。

　加えて評価において、結果やプロセス、そして周囲の評価をどの程度取り入れるかは、大切なポイントです。

　たとえば、結果に高いウェイトが置かれ、報酬もその結果に応じて大きく上下するのであれば、結果志向が強くなりすぎ、そのプロセスでは周囲にノウハウを共有しない、手段を選ばない、チームプレーしないなど、悪い影響も出てきます。また、取り組み方なども評価に入るのであれば、結果に向けて努力し頑張ろうと思うため、

着実な努力を積み重ねようとする文化が生まれやすくなります。また、360度評価を導入している会社では、組織のメンバーからの信頼を大切にしようとする傾向が強まるでしょう。

　制度はさまざまありますが、そうした制度があることによって、人はどのように考えるようになるのか、どのようなことを大切に思うようになるのかを意識して自社の人事制度を見ると、組織が促したい考えや価値観、つまり、醸成したい組織文化が見えてきます。

SECTION

04

CHAPTER3_Knowing your organization

マネジメント層の
与える影響を理解する

　組織文化の構成要素として理念や戦略、組織形態、人事制度を紹介してきましたが、直接影響を受けるのは、組織のリーダーのスタイルや言動です。

　経営者の話を聞いて、その会社に入社したいと思った方もいるでしょう。毎年、新年の経営者のメッセージを聞いて、気持ちを新たにすることもあるでしょう。経営者の言動には、その人の思いもありますが、その組織が大切にする価値観や考えが色濃く含まれています。特に創業者が現役だったり、まだベンチャーで小さな組織で創業者との距離が近い場合には、そのようなリーダーによって強い組織文化がつくられます。

　言動だけでなく、そのリーダーのスタイルによっても文化が変わります。たとえばカリスマ的なリーダーがトップダウンでスピーディーに決めて突破していくようなベンチャー企業では、「自分たちが何をしたいか」ということ以上に、「トップが何をしたいのか」という意向に敏感な社風が生まれやすくなります。

　一方で同じベンチャー企業であっても、方向性は示しつつ、メンバーから活発に意見を引き出しながら良いものをつくろうとするリーダーのもとには、自分たちで主体的に生み出そうというメンバーが集まります。

組織という単位を会社だけでなく、事業部、チーム、プロジェクト、一緒に担当する仲間と置き換えてみても、その集団を率いるリーダーがその集団の文化を決めるとも言えます。

　チームの文化をどのようにつくるかは、リーダーである読者の皆さんにかかっています。**一人ひとりがリーダーシップを発揮して、自分たちで組織の文化をつくっていくという気概が何よりも大切で**す。

SECTION

05

CHAPTER3_Knowing your organization

具体的に文化が表れる
行動様式を知る

　本章の最後に、私たちが日々文化をつくっていく上で、どのようなことに意識を向けていけばよいのか、具体的に文化が表れるところを見ていきましょう。

① コミュニケーション・社内用語

　リーダーの口グセや、自分の口グセを振り返ってみてください。どのような言葉を多用しているでしょうか。「言霊」と言ったりしますが、**言葉には魂が宿っており、それが無意識のうちに周囲に影響を与えます。**

　無意識のうちに、「今まではどうしていたの？」と皆が聞いているようなら、前例を踏襲する文化ができているのでしょう。
「それって本当にお客さんのためになってるの？」「そもそも、これ大事？」というような口グセなら、表面にとらわれずに本質を常に考えようという姿勢があるでしょう。

　まず日々、自分たちはどのような言葉を口グセとして使っているかを確認し、自分たちがそうありたい組織文化なのであれば、その言葉を大切にし、どこかで変えなければいけないと感じるのなら、まずは皆さんが自分で言い始めましょう。

　たとえば、お互いに声をかけ合い助け合う文化をつくりたければ、毎朝の「おはよう」をしっかりと言うでもよいのです。ある会社に訪問した時に受付で待っていると、通る人全員が待っている私に「こ

76

んにちは」と声をかけてくださいました。

　訪問した人事役員の方にその話をしたところ、「社外の方も含め、お互いを大切にする文化にしたいと思い、人事の部署でそうしようと決めて、私からやり始めたんです」とコメントされました。小さな挨拶でも、これだけ文化は変わるのです。

　また、上司のことを肩書で呼ぶか「さんづけ」で呼ぶかだけでも、上司とメンバーのコミュニケーションは変わります。肩書で呼ぶ会社は、その肩書を気にするということですから、役職を無意識のうちに大切にします。

　一方で、お互いをさんづけで呼ぶ会社は、部下にもさんづけしますから、部下からすれば呼び捨てにされるよりも、自分を尊重してくれているという気持ちになります。

　このように呼び方一つとっても、文化には大きな影響を与えます。

② 会議のスタイル

　会議の仕方、誰が発言しているかも、会社によって驚くほど違います。

● 議論をして決める会議が多いのか
● 報告が多いのか
● 若手社員は多く発言するか
● 上司が説明することが多いのか
● 結論は若手も含めて活発に議論してから決めるか
● 一度決めたことをあとからひっくり返すことがあるか
● 事前の根回しをすることが多いのか
● その場で議論するか

　などです。

会議を変えると会社の生産性が大きく変わるとよく言われますが、このような場からも少しずつ望ましい文化に変えていけるとよいでしょう。

③ 業務のスタイル

　業務の進め方も、その組織の文化をよく表します。

- 指示を待って動く人が多いのか
- 自発的にどんどん行動していく人が多いのか
- 自由気ままにやってしまうのか
- しっかりと報連相を大切にしているか
- 前例を大事にして進めるか
- リスクを取りにいっているか
- 直接会って話して共有するのか
- メールで共有していく文化か

　など、これらのことをよく観察してみましょう。

④ 時間に対する意識

　時間という貴重な資源に対する態度も組織の文化に大きな影響を与えます。遅刻が多いリーダーのもとでは、時間がルーズなメンバーが多くなります。一方で、時間に厳しいリーダーのもとでは、チーム全員が相手の時間を尊重しながら日々行動するようになるでしょう。

　日々の態度や姿勢は、周囲のメンバーが見ているため、影響を受けやすいものです。

　特に人は易きに流れますので、悪いスタイルは周囲にも悪い影響を与えます。

　自分が意識すれば変わることも多いので、問題意識を感じている

業務スタイルがあれば、まずは自分から変えてみるようにしましょう。

⑤ その他

　服装も社風をよく表します。たとえば、堅い文化を持つ顧客を担当する営業が、カラフルなシャツを着て訪問すると、相手から違和感のある目で見られてしまうことがありますから、白いシャツを選んで相手の文化に合わせるといったことも大切です。

　以上、３章では、組織の中で物事を前に進めていくために、組織文化を理解することの重要性について述べてきました。
　繰り返しになりますが、**文化は良くも悪くも組織のメンバーが心地よい、当たり前と感じるからこそ浸透し、だからこそ影響力が大きいのです。**
　さまざまな角度から読者の皆さんが所属する組織の文化を理解し、実行力の強化につなげていただきたいと思います。

あえて空気を読まない　　　　　　　　　　　COLUMN

　組織文化を理解することは、組織の文化に自らを完全に合わせにかかる、つまり迎合することとは異なります。まずは、自社の組織文化を理解して、それは悪い文化であり変えるべきだと判断したのなら、どのようにすればその文化を変えうるのかを考えて、意図的に行動したり発言していくことが必要です。
　たとえば、「あの人はよくあんなことを言えるなあ」というようなことでも発言し、どんどん行動していく人もいます。最初は周囲から「あいつは空気が読めないよね」などと言われる可能性がありますが、物事を前に進めていき、成果を上げる人が

います。

　今までの考え・価値観と違った行動から1つの成功体験ができると、周囲のメンバーもそれでよいのかと思い始め、少しずつ言動が変わり、それが繰り返されると新しい組織文化になっていきます。もし、そのようにして組織文化を変えているような人がいたら、その人をよく観察してみてください。

　空気を読まずにやっているように見えるかもしれませんが、実は組織のことをよく見ていて、出るべき時には思い切って出て、踏んではいけない地雷を避けて行動しています。今の自社の組織文化をしっかりと認識した上で、どこは空気を読み、どこは空気をあえて読まずに突破するか、それを見きわめながら組織文化を変えることが大切です。

推薦図書：
『社内を動かす力』グロービス著、田久保善彦執筆、ダイヤモンド社
『[実況] 組織マネジメント教室』グロービス著、佐藤剛執筆、PHP研究所
『「変革型人事」入門』グロービス経営大学院著、労務行政

CHAPTER 1
2
3

CHAPTER 4

Setting goals

4

5

6

7

8

9

10

SECTION

01
—
03

目標設定力

CHECK LIST

目標設定力　チェックリスト

本章を読み始める前に、チェックリストに○を付け、ご自身の状況を確認してみてください。○が少ない方は、4章をじっくり読むことをお勧めします。

1　明確な目標があり、その目標が自分自身に力を与えるものになっている　CHECK

2　顕在化していない（これから発生するであろう）課題に対する目標設定をしている　CHECK

3　目標設定に際しては、できるだけ目標を具体的にし、異論や反論に対する議論のプロセスを大事にしている　CHECK

4　一度設定した目標であっても、環境が変わったタイミングで再度目標を修正するなど、柔軟な仕組みを取り入れている　CHECK

5　目標設定の際は、現在の実力で達成できそうな120%のレベル感で設定している　CHECK

6　目標を立てる前に、その実現における阻害要因を考えるようにしている　CHECK

7　目標について議論する時は、時間軸を忘れないように確認している　CHECK

8　なぜその目標なのか、その目標の先で何を目指すのか、目標の背景も含めて語ることができる　CHECK

もし、皆さんが「目標があるかどうか」と尋ねられたら、多くの人はYesと即答されるでしょう。ビジネスパーソンであれば、何らかの目標を持っているのではないかと思います。しかし、「その目標は、皆さんに力を与えるものになっているでしょうか?」と問われたらどうでしょうか。

この問いに対して、同じように即答できる方は少ないかもしれません。

目標というものは、ややもすると「自分を縛りつけるもの」であり、「プレッシャーを与えるもの」、決して「力を与えるもの」という存在にはなっていない場合が多いようです。

ここに大きな分かれ道があります。つまり、**目標設定力がある人にとっては、目標はその人にとってそして組織にとって大きな力の源泉になる。一方で、目標設定力が不足している人は、目標というものは足かせになり、全体のパフォーマンスを落とす原因にもなりかねないのです。**

ここで、サッカーの日本代表監督(当時)である岡田武史氏のコメントを引用しましょう。

『みなさんはいろんな成功の書とか読んで「目標設定って大事だ」と思っているでしょうが、今みなさんが思っている10倍、目標は大事です。

目標はすべてを変えます。

W杯で世界を驚かすために、パススピードを上げたり、フィジカルを強くしたりと、1つずつ変えていくと、かなりの時間がかかります。

ところが、一番上の目標をポンと変えると、オセロのように全部が変わります。

「お前、そのパススピードでベスト4行けるの?」

「お前、そんなことでベスト4行けるのか？」と何人かの選手にはっきりと言いました。
「お前、その腹でベスト4行けると思うか？」
「夜、酒かっくらっていて、お前ベスト4行ける？」
「しょっちゅう痛い痛いと言ってグラウンドに寝転んでいて、お前ベスト4行けると思うか？」
　もうこれだけでいいんです』
　　　　　　　　　『岡田武史氏が語る、日本代表監督の仕事とは』
　　　　　http://bizmakoto.jp/makoto/articles/0912/14/news010.html

　このように**意味のある目標を設定できれば、個人に対しても、組織に対しても大きな力を生み出します。**岡田監督の言葉を借りるならば、「**目標はすべてを変える**」のです。

　では、どのようにしたら、そのような適切な目標を設定できるのでしょうか。
　目標設定の力は図表4-1のように、3つの要素に分解できます。

1つめは、何を目標にすべきか、目標項目を定める力（What）
2つめは、いつの達成を目指すべきか、目標の期限を決める力（When）
3つめは、なぜその目標にすべきか、目標の背景を統合する力（Why）

　という3つの力になります。

　この3つをご覧いただければわかる通り、これらは独立しているものではありません。What、When、Whyをそれぞれ踏まえながら、整合を取る形で仕上げていくことが大切であり、それこそが「目標設定力」にほかなりません。

図表4-1　目標設定は3つの要素に分解できる

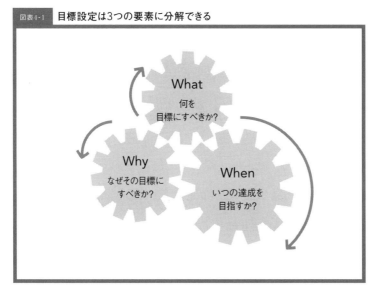

　それではその全体像を押さえながら、この3つのポイントに対する理解を深めていきましょう。

SECTION

01

CHAPTER4_Setting goals

What:
何を目標にすべきか、
目標項目を定める

❶ 目標には「発生型」と「設定型」がある

私たちは無意識に「目標」という言葉を使いますが、ひと口に目標といっても切り口によってさまざまな種類があります。1つの考え方が、目標を**「発生型目標」と「設定型目標」という2つに分類するというものです（図表4－2）**。

発生型目標というのは、もうすでに課題が発生してしまっており、その課題をなくすことそのものが目標となっているケースのことを指します。

たとえば、赤字が続いているサービスがあった場合、「今期中に赤字をなくす」という目標は、発生型目標という範疇に入ります。もしくは不良品率がきわめて高い商品ラインに対して、「不良品率を業界の基準値である2％まで落とす」という目標も同種です。

つまり、発生型目標というのは、「ここまではできているのが通常である」という基準値に到達していない状況に対して、基準値そのものを目標にする場合のことを指します。

それに対して、設定型目標というのは、そのような明確な基準値がない場合、もしくは基準値は超えているステージにおいて、自ら意志を持って設定する目標のことです。

たとえば、「会社としての期待値は、すべての工程を年内に仕上

86

図表4-2 発生型目標と設定型目標の違い

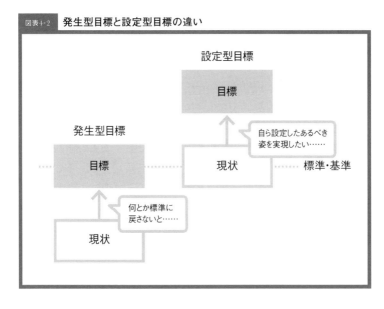

げることであるが、この状況を踏まえて10月中には仕上げてしまおう」というように、自ら意図を持って目標を設定していくケースが該当します。

では、この2つの目標の差は何でしょうか？

それは、目標に対する合意の難しさがまったく異なる、ということです。発生型目標については、目標の妥当性についてほとんど議論が起きません。それが「基準」としてあらかじめ定められているからです。「基準に到達していないから問題がある。したがって、基準までに戻さなくてはならない」ということについて、合意はほぼ不要でしょう。

発生型目標については、目標の合意以上に、その目標達成までに誰がどう進めていくのか、という具体的なアクションプランのほうが何よりも重要です。

ところが、設定型目標については、「何を目標項目として定める

か？」、「どの程度まで定めるか？」ということに対する合意が必要です。「なぜ売上ではなくて利益なのか？」、「なぜ5％ではなくて10％なのか？」ということに対して、組織内で認識を合わせなくてはなりません。

そして、言うまでもなく、組織において重要なのは設定型目標です。発生型目標は、達成しても標準に戻るだけのこと。それに対して、設定型目標は組織を大きくストレッチさせる効用があります。

リーダーとしては、意図を持って目標を「設定」し、そして、その周囲の合意を取りながら前進していくことが必要なのです。

❷ 曖昧な言葉で逃げない

そのように意図を持って目標を掲げる際、壁にぶつかるのが、「言葉」の問題です。

「組織を高めるために設定型目標を掲げたい」、しかし「合意を取るのが難しい」という課題に直面した場合、言葉を曖昧にして逃げ道を残しておくというやり方をするケースがあります。たとえば、わかりやすい例で言えば、「今年度中にアンケート回答率100％を達成する」としてしまっては反論が出かねないので、「アンケート回収率の向上を図る」とか、「アンケート回収を確実に行う」という形でぼやかして逃げるといったパターンが該当するでしょう。

しかし、このような目標では組織全体の力を生み出すことはできません。目標達成に近づいているのか、立ち位置がわからないからです。目指すべき方向が明確であるからこそ、ギャップがクリアになり、それぞれのやるべきことが具体化されるのです。

冒頭の岡田監督のエピソードであれば、「ベスト4」という明確な目標だからこそ、「その練習でベスト4に行けるのか？」と言われた際、そのギャップに気づき、行動につなげることが可能になるわけです。たとえば「ワールドカップで最善を尽くす」という曖昧なキーワードであれば、そういう話にすらならないのです。

したがって、**設定型目標を掲げる時こそ、言葉の具体性を意識し、異論、反論に向き合うことが必要です。**そこで多大な労力がかかる可能性はありますが、その結果として合意された具体的な目標は、組織において大きな力の源泉になるはずです。

③ 環境変化をあらかじめ考慮しつつ、変化には柔軟に

目標設定の際に、言葉とともに重要なことがもう1つあります。それは、「将来予見とどう向き合うか」ということです。

目標というのは将来における公約です。したがって、目標を立てるという過程において、「将来がどう変化するのか、ということを予見する」というプロセスを欠かすことができません。「自分たちはこうなっていたい、こうなるべきだ」という願望や想いだけに基づいて目標を立てるケースも見られますが、それだけではなく、「自分たちを取り巻く環境はどのように変化するだろうか」という想定も織り込んで目標を考える必要があります。

環境が変われば戦略が変わり、戦略が変わればその期待結果である目標も変わるからです。環境変化をどう捉えるか、という点については、1章で説明した3Cのようなフレームワークが効果を発揮します。

しかし、想定外の環境変化があることも事実です。予想外の競合の参入、規制の導入による消費者行動の変容、為替の変動、代替サービスの登場など、不確実なことは枚挙に暇がありません。どのようなビジネスかにもよってその変化のインパクトやスピードは異なりますが、環境は変わります。

ゆえに大切なことは、**環境変化を踏まえた目標を持ちつつも、その運用は柔軟にする、という姿勢です。**一度目標を定めたからといって、それに固執し続けるべきではありません。安易な変更は避けるべきですが、一度決めたことに過度にこだわりすぎると、変化への対応が一歩も二歩も遅れることになります。

LINE株式会社の前社長である森川亮氏は、『シンプルに考える』（ダイヤモンド社）の中で、計画をあえて詳細に設定しないことの理由をこう述べています。

『理由は簡単。インターネットの世界は、あまりにも変化が速いからです。数カ月先のことも正確に予測することが難しい。そして、市場環境が変われば、計画を変更しなければなりません。これが、社内に不協和音を生み出したのです。「社長はコロコロ変わる」「社長はブレている」……。計画を変更するたびに、一部の社員からそんな批判が聞こえてきました。「世の中が変化しているのだから仕方ないだろう」と説明しても、なかなかわかってもらえない。これには少々困りました。社員から批判されるのは構わないのですが、計画を変更するのに手間取るのは非常に大きな問題でした。いかに変化に素早く適応するかが、僕たちのビジネスの最重要ポイントだからです』

『かつての僕が思い描いていたような「まっすぐな道」など、ただの幻想。むしろ、未来はわからないと思って生きないと危険です。特に、現代のように変化の激しい時代には、「いつ何が起きるかわからない」と常に緊張感をもっていなければならない。だからこそ、感性が研ぎ澄まされていく』

　ここで述べられているのは、きわめて変化の激しい企業における「目標」に対する姿勢のあり方です。目標は立てるけれども、それに過度に固執することなく、むしろ変化への対応を優先する。そのために、絶えずアンテナは外に向けて、感度を高めておく、ということです。
　そして、こういったことを単なる「姿勢」として片づけず、環境に適した形に目標を見直すことを「仕組み」として担保しておくこ

とも重要なことです。

本来、目標は環境変化が起きたタイミングでその都度見直すのが理想的ですが、そのタイミングの見きわめはかなり難しいのが現実です。したがって、たとえば、「期初に設定した目標について、毎回その折り返し地点くらいのタイミングであらかじめ場を設定しておき、目標修正の必要性について議論をする」といった仕組みを最初から入れておくとよいでしょう。

このような姿勢と仕組みは、変化の激しい中で効果的な目標を定める上で有効です。

④ 100%でも150%でもない、120%のレベルの目標を目指す

目標設定においては、「どのレベルの目標を定めるか」という論点もきわめて重要です。一般的に目標は、「過度にやさしすぎず、過度に難しすぎず、届くか届かないか、というレベルがちょうどいい」と言われます。**現在の能力を100%とするならば、100%でも150%でもなく、120%の力で到達できるくらいが適切なレベルと言えるでしょう。**

ここまでは概念として理解できると思いますが、実務的に難しいことは多くあります。

まず1つ目は、100%の実力がどれほどのものか、ということを見きわめることです。これがずれると、数字は意味を持たなくなります。そのために大事なことは、日頃から組織メンバーのことをちゃんと観察しておくこと。もしくは個人の話であれば、普段から自己理解を深めておくことです。

窮地に追い込まれた時にまだまだ実力が発揮できるような場合もあれば、少し負荷を高めただけで想定外の不調をきたしてしまう場合もあるでしょう。

「ここくらいまでは実力があるべきだ」というような「べき論」をかざしてしまうと、自分に対しても、他人に対しても、冷静に実力

を見きわめることはできなくなります。

　日頃から「どのような状況でどのような実力を発揮してきたのか」ということに対して、過信も過大評価もないストレートな人物評価を行っているか、ということが問われてきます。

　もう1つのポイントは、組織的にさまざまな引力が働いて、目標の高さを冷静に判断できなくなる、ということです。失敗に対して寛容ではない「減点主義」のような環境に置かれた組織や個人は、現在の自分の実力の範囲内でできる目標（つまり100％未満の目標）を掲げる傾向にあります。

　そして、それと同時に、その100％未満の目標が、いかにチャレンジングな目標であるか、ということの「見せ方」に注力してしまう場合があります。

　一方で、急成長を遂げている成長途上のベンチャーのような組織であれば、自分たちの実力値を置いておいて、とにかく壮大な目標（たとえば200％レベルの目標）を掲げる引力が働きがちです。大きな目標を掲げることで周囲からの注目を浴びることができるからです。いずれにおいても、中長期的な観点では長続きしないことは明らかでしょう。

　前者の場合は、組織や個人としてのストレッチはあまり期待できません。後者については持続性に不安が残ります。身の丈を超えてジャンプして、結果的に燃え尽きてしまうリスクがあるからです。

　このような2つの引力の存在を理解した上で、目標設定をすべきです。

　具体的には、**「達成した時の自分の姿をイメージして、誇らしく思えるか」という問いと、「達成にいたるまでのプロセスがおぼろげにでもイメージできるか」という問いに対して、それぞれYesと言えるか、ということがチェックポイントになるでしょう。**その2つの問いに対してポジティブに評価できる時こそが、120％という

ちょうど良いレベル感と言えるのではないでしょうか。

　現実的に、通常の組織や個人で120％の目標を目指そうと思えば、何かを変えなくては実現することはできません。仕事のやり方を変える、時間の使い方を変える、場合によっては何か大事なことを切り離したり捨てる、といったような難しい意思決定とセットになるでしょう。120％の目標を立てるということは、そのような「既存の仕組みを変える」という宣言でもあるわけです。

　しかし、私たちは、通常は慣れ親しんだやり方を変えることに対して拒否感を覚えます。誰だってどうなるかわからないことには恐怖感を覚えます。これをクリアするには、私たちには「考え抜く」という手段しかありません。

「ここをこのように変えれば、おそらくこういう反応がくる。しかし、その反応にはこう対応する。それと同時に、ここにもこういう働きかけをしておく……」。このようなシナリオを徹底的に考え抜き、自分なりに「ひょっとしたら行けるかもしれない」という手応えを感じた時、ようやく120％の目標を宣言できる心境になるのです。

⑤ 自分の中に潜む「裏の目標」の存在を押さえる

　120％の目標を掲げたところで、なかなか実行に踏み切れずに「目標倒れ」になってしまうケースもあります。過去の自分を振り返ってみても、年初に掲げた目標がそのまま達成できずに放置されて、翌年の年初にまた同じ目標を掲げる、という類いのことを繰り返している人も多いのではないでしょうか。

　では、目標達成できないのは、「意志が弱い」ということが原因なのでしょうか。もしくは、目標達成に向けたテクニックを駆使すれば実現できる、ということなのでしょうか。『なぜ人と組織は変われないのか──ハーバード流自己変革の理論と実践』（ロバート・キーガン他著、英治出版）では、その目標達成ができないメカニズ

ムをこのように説明しています。

『変革がうまくいかないのは、本人がそれを本気で目指していないからではない。心臓を病んでいる人が禁煙の目標を貫けないとしても、その人は「生きたい」と本気で思っていないわけではないだろう。変革を実現できないのは、二つの相反する目標の両方を本気で達成したいからなのだ。人間は矛盾が服を着て歩いているようなもの。そこに問題の本当の原因がある』

『私達は誓いを立てる時、なくすべき「悪い行動」と増やすべき「良い行動」ばかりに目を向けるが、強力な阻害行動を取らせる裏の目標を明らかにしない限り、問題を正確に定義したことにはならない』

　たとえば、「部下に対して権限委譲をする」という目標をなかなか実現できないリーダーは、その裏側で「自分が常に意思決定の中心人物でいたい」という裏の目標が阻害要因になっている可能性があります。したがって、目標設定の場面で最後に求められるのは、**「自分がこの目標を達成するために行動する時、何が自分を阻害するだろうか」**ということを冷静に考えることです。
　人間は矛盾を抱えた存在です。目標達成という方向に舵を切る前に、「裏の目標」を考えることが求められます。

SECTION 02

CHAPTER4_Setting goals

When:いつの達成を目指すべきか、目標の期限を決める

① 目標項目は時間軸とセットで語る

目標設定というとWhatばかりが注目されがちですが、When、つまりその達成期限をいつに設定するのかという点も大切です。

目標設定に関する誤解やミスコミュニケーションの原因を紐解くと、この「時間軸設定」に行きつく場合が多々あります。なぜならば、私たちは目標を語る時、時間軸を省略して語る傾向にあるからです。

たとえば、「どうせこの業界に参入するのであれば、業界No. 1を目指そう！」、「我々はクレーム撲滅を狙います」といった類いの目標をよく耳にしますが、これらはすべて「いつまでに」という時間軸が欠けています。

業界No. 1を目指すのもクレーム撲滅を目指すのも、誰も反対するものではないでしょう。しかし、これに時間軸がセットになると話は別です。「今年度中に業界No. 1になります」「今月中にクレームを撲滅します」と言われたら、おそらく「なぜその期限なのか」という議論になるでしょう。

期限とセットになると、目標の意味合いがまったく変わってくるからです。「今年度中」と言われたら、それぞれのメンバーの具体的な行動を変えていかなくてはなりません。

当然、「そんな短期間では無理だ」といったような議論も起きて

きます。しかし、このように時間軸（When）と目標項目（What）ともに顕在化するからこそ、健全な議論が発生し、認識が統合されるのです。しかし、**時間軸を明確にしなければ、目標の「伝え手」と「受け手」の認識がずれているのか揃っているのかがわからないまま話が進んでいくことになります。**

そういった状態を放置しておくと、スピード感に対する認識の差異により、組織のいたるところで問題が生じるきっかけになってしまいます。

皆さんの組織の目標、もしくは個人の目標に果たして時間軸は設定されているでしょうか。このタイミングで一度確認をしてみるとよいでしょう。

② 時間軸は短く、細かく刻んでいく

時間軸を設定する際に大事なことは、設定期限はなるべく「短く、細かく刻んでいく」ということです。2～3年の中長期の目標を設定するのであれば、それをブレイクダウンして、少なくとも四半期単位での目標設定は必要になるでしょう。

なぜ短期の目標に落とし込んでいくのが必要になるのか。その1つの理由は、ゴールに近づく様子がモチベーションにつながるからです。ゴールが遠ければ、日々の小さな進捗に「前進している実感」を持つことは困難です。

よほど意欲的な人でなければ、「やってもやらなくても同じ」と思えて、行動することを忘れてしまうでしょう。壮大なゴールは胸に秘めつつ、小刻みな目標を定めて、日々の小さな進捗を評価できる状態にしておく。それを何度も繰り返していく。そのほうがずっと遠くまで行ける人は多いはずです。

当然、その小さな小刻みの目標に対して未達成の時も出てくるでしょう。そうなったら、機敏に計画を修正していけばいいのです。短期的な目標が明確だからこそ、修正もすぐにできるようになるの

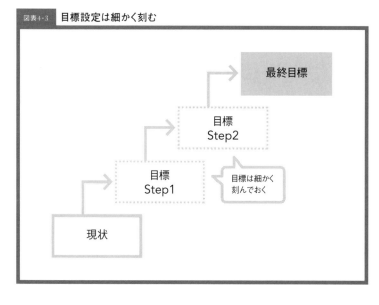

図表4-3 目標設定は細かく刻む

です。

　もし小さな目標達成をすることができれば、達成することの喜びを感じることもできます。結果として、壮大なゴールまでの道のりはより楽しく、満足感に満ちたものとなるでしょう。

　ぜひ、目標の時間軸は短めに設定することを考えてみてください。

SECTION **03**

CHAPTER4_Setting goals

Why:
なぜその目標にすべきか、
目標の背景を統合する

① レンガを積んだ先の世界を見据える

　目標達成における最後の項目は、Why、つまり目標設定の理由や背景を整理することです。

　目標というのは、運用次第によってはノルマのような位置づけとなり、「やらされ感」が強くなっていくことがあります。

　特に目標に数字が入ると、具体的なだけに盲目的に可視化された数字に追い立てられるようになり、途中で息切れし、モチベーションが持続できなくなりがちです。その背景にあるのが、「なぜその目標を達成すべきなのかがわからない」ということです。

「三人のレンガ積み」というイソップ童話をご存知の方も多いでしょう。

　旅人が旅の途中で三人のレンガ積み職人に出会います。同じようにレンガを積むことに励んでいるのですが、それぞれ「何をしているのか?」という質問をした際、辛そうに「レンガを積んでいる」と答えた職人、必死な様子で「カベを作っている」と答えた職人、そしていきいきと「歴史に残る偉大な大聖堂を作っている」と答えた職人、という3通りの答えが返ってきた、という話です。

　最も良い仕事、すなわち良いレンガのカベを作るのは誰か、と問われれば、答えは明快。「最後の職人」だと答えるでしょう。

同じ「レンガのカベを作る」という目標に向けて必死に従事した
としても、そのレンガを積む作業の先にあること、つまり**「大聖堂
を作る」というイメージを持ち、そしてそのイメージが自分の実現
したいことと適合している人こそ「良い仕事」を成し遂げる**、とい
うことを私たちは理解しているからです。

② 環境変化を読み解き、目標にいたるストーリーを作る

ビジネスの世界においては、「大聖堂→レンガのカベ→レンガを
積む」というようなわかりやすいシナリオばかりがあるわけではあ
りません。また、そのシナリオを指し示してくれるリーダーがいれ
ばよいですが、そういうリーダーがいない場合は、断片的に目標が
降ってきて、意味もわからず追い立てられる、というような「やら
され感」に容易に陥ってしまうでしょう。

そういう時に求められるのが、「自分で目標の背景を描く」とい
う力です。「なぜこの現状で一日の顧客訪問数3件というのが目標
になるのか」、「なぜ不良品の発生率を5％削減することが必要なの
か」、そういったことを自分の力で統合することが求められます。

そのような時に役に立つのが、1章で紹介した3Cのようなビジ
ネス全体の構造を把握するフレームワークです。

**3Cのようなフレームワークを活用しながら、目に見えにくい構
造変化を読み解き、そしてそれが目の前に提示された目標とつなが
れば、その目標は大きな力となるでしょう。**

具体的には、市場や顧客の変化、そしてそれに対する競合の変化
をまず読み解きながら、組織が立てている目標の背景（「なぜ大聖
堂を建てなくてはならないのか？」）を理解します。

その上で、組織内での役割を踏まえた個人としての目標（「なぜ
自分はレンガのカベを積む必要があるのか？」）をつないでいく、
というプロセスです。

このように環境変化を読み解き、そして組織と個人の目標をつな

ぐストーリーが自分なりに統合できた瞬間に、その目標は意味のあるものになるのです。

　目標設定力は、これらのWhat、When、そしてWhyを確実に考え抜くことで高まります。この３つを深く考慮した目標を設定することができれば、目標というものは私たちに力を与えてくれる存在になるはずです。

　あらためて自分や自分の組織が掲げている目標を思い出してみましょう。そして、この３つのポイントについて考え抜いているかどうか、それをまずは見直してみるところから始めてはいかがでしょうか。

推薦図書：
『シンプルに考える』森川亮著、ダイヤモンド社
『なぜ人と組織は変われないのか──ハーバード流自己変革の理論と実践』ロバート・キーガン、リサ・ラスコウ・レイヒー著、池村千秋訳、英治出版

CHAPTER

1

2

3

4

CHAPTER 5

5

Planning

6

7

8

9

10

SECTION

01
—
04

プランニング力

CHECK LIST

プランニング力　チェックリスト

本章を読み始める前に、チェックリストに○を付け、ご自身の状況を確認してみてください。○が少ない方は、5章をじっくり読むことをお勧めします。

1 　任された仕事の目標やゴールについて、上長と認識が異なっていた経験はない　CHECK

2 　何かを始める際は、必ず事前に目標を、かかわるメンバー間で言葉にして確認している　CHECK

3 　目標達成までの進め方について、自身の責任範囲と権限、意思決定のプロセスなどは必ず事前にすり合わせをしている　CHECK

4 　プロジェクトを行う時は、関連の情報収集を行い、綿密に計画を立て、必要なリソースなどについても事前に見積もっている　CHECK

5 　多くのメンバーが関わるプロジェクトでは、プロジェクト開始前に報告や意思決定に関するルールを設けるようにしている　CHECK

6 　目標達成までのプロセスについてできるだけ定量化し、適切な KPI（重要業績評価指標）を設定することを意識している　CHECK

7 　施策を考える際は決め打ちせずに、何らかの切り口を意識し、アイデア出しをしている　CHECK

8 　プロジェクトを終えたら必ず振り返りの時間を設け、良かった点・改善点を明らかにして、次回に活かしている　CHECK

ここからは、設定した（された）「目標」を実際に達成し、成果を出していくために、具体的にどのようにプランニングをしていくか、そのためにどのような力が必要であるかについて見ていきます。プランニングは大まかに全体を押さえる段階と、詳細を作り込む段階がありますが、後者については6章で見ていきます。

　4章では、自ら目標を設定する時に重要なことを議論したので、話の重複を避けるために、会社（上司）から与えられた目標に対して、リーダーとしてメンバーを巻き込み、具体的にプランニングするという一般的な場面を想定します。
　この一連のプロセスを4つに分けて具体的に考えていきましょう。

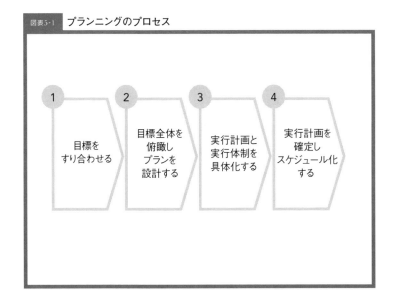

図表5-1　プランニングのプロセス

SECTION

01

CHAPTER5_Planning

目標をすり合わせる

① 目標を確認する

　目標には一人で完結するものから、複数のメンバーを巻き込んでいくもの、組織全体を巻き込むようなものまでさまざまなものがあります。いずれの場合も、最初に行うべき共通する重要なポイントは、目標についての上長とのすり合わせです。

　しかし、このような基本とも言える部分にこそ、「長年一緒にやっているので、きっと大丈夫だろう」、「打ち合わせとなるとそのための資料を作らないとダメだし、面倒くさいので、まずはいったん進めてみよう」というように人間の弱い部分が出やすいものです。

　さらに上長との認識のずれは、後々評価にも直結する可能性があるため、しっかり合わせる必要があります。

　具体例で考えていきましょう。たとえば、「製菓会社のある営業所で営業をしているＡさんが、営業所長から○○製品の売上の対前年比率アップの全社キャンペーンのリーダーを依頼された」とします。Ａさんと営業所長の二人の理解の内容について見てみましょう。

［Ａさんの理解］

　毎回、全社キャンペーンでは、おおよそ上位10位以内に入っているので、今回も普通にやればそれぐらいは目指せるだろう。ポス

ターやグラフなどの作成を行い、達成数値と達成率を取りまとめ、営業会議で定期的に共有すればいいだろう。達成率が低いチームリーダーにプレッシャーをかけるようなこともしなければならないな。自分がキャンペーンのリーダーに指名されたのは、堅実に営業数字も上げているので、チームリーダーに言いやすいし、取りまとめをするぐらいの仕事をする余裕があると思われているからだろう。

［営業所長のAさんへの期待役割］

　毎回、全社キャンペーンでは上位10位以内には入っているが、今回はメンバーも揃っているし、加えてこの営業所は相対的に○○製品の取り扱いに強いはずなので、今回は、絶対に上位3位以内に食い込みたい。Aさんは若手の営業で個人では良い数字を出しているので、今後は、営業所全体の数字にもより高い意識を持ってもらうためにも、今回のキャンペーンでリーダーシップを発揮してもらいたい。Aさんなら売上アップのための具体的な方針や、どのようなターゲットにフォーカスしていくべきなのかというマーケティング、営業戦略を立てて、支社全体に共有することなどもやってくれるだろう。進捗管理や数字が思ったように伸びない時の追加施策などもタイムリーに立案、メンバーに指示をして実行していってほしい。

　いかがでしょうか。二人の理解が完全にずれて、このままプロジェクトが進んでいくとさまざまな問題が発生しそうです。

　筆者はグロービス経営大学院で、社会人学生が上司、同僚、部下から360度評価を受けることが必須となっている授業で教鞭をとっています。このクラスの中で、多くの人が、上長との期待値のすり合わせが十分にできていない、という課題を抱えていることを目の当たりにしていますが、最低限、次の3つのことは具体的な言葉ですり合わせを行うとよいでしょう。

- 目標：取り組む仕事の全社や事業部の中での意味合いや、どのような効果を期待しているのか
- 自身の期待役割：目標全体の中で自分自身への期待役割
- 会社、全体の方向性や背景の理解、目標の意図：なぜその目標が重要なのかの背景理解

　ただし、これらの言葉の定義自体、企業によってさまざまなパターンがありえますから、場合によっては定義から確認する必要があります。

　すり合わせの際には、上長に「教えてください」というスタンスで聞くのではなく、まずは自分の理解を上長に説明し、確認するという形を取るのがよいでしょう。たとえば具体的にはいつ頃までに何がどうなれば目標を達成したと言えるのかということについて、ずれがないように確実に認識を合わせておくことが重要です。

　最も避けたいのは、人事考課のタイミングで想定外に評価が悪く、ここで初めて上長と認識が合っていなかったことに気づく、ということです。

　上長はこういう期待をしているはず、これぐらいの数字でよいはず、こういうプロセスでよいはず、ここまでは自分で決めてよいはずなど、「〜のはず」というのは勝手な自分の想像、あるいは思い込みですから、言語化し、直接上司と話し、「その通り」ということになって初めて認識が合っていると言える、ということを肝に銘じておきましょう。

　4章で、120％のレベルの目標を目指すとよいと記しましたが、この際によくあるジレンマは、優秀な人ほど上長から期待され、自身でもチャレンジの意味合いを込めて高い目標設定をしてしまい、結果として目標に到達せずに適切な評価がされないというものです。このようなことに陥らないためにも、どこまでが他人と比較して一

般的な目標で、どこからが個人への期待を込めたストレッチ（＝チャレンジ）目標なのか、しっかりと上長と話しておく必要があります。

② 目標達成にいたるプロセスについて確認する

目標を共有したら、次は目標達成にいたるプロセスについてのすり合わせをします。この部分について上長と確認ができていない人が多いようですが、具体的に確認しておくべき点は、意思決定の方法、上長とのコミュニケーションの方法の2つです。

［意思決定の方法］

どこまでの範囲を自分で最終意思決定してよいのか、あるいは上長に確認したほうがよいのかについて事前に確認しておきます。これは裏を返せば、自分自身の権限の範囲と同時に、責任の所在を明らかにしておくことにもつながります。

たとえば、関係者に断りも入れず他部門のメンバーを巻き込み、調整していたら、その他部門長から上長にクレームがきて、プロセスについて注意を受けた、といったような経験を持っている人もいるのではないでしょうか。

上長の権限や意向、会社のルール（暗黙のものも含む）も関係しますので、必ず確認するようにしましょう。

［上長とのコミュニケーションの方法］

互いにストレスを溜めないためにも、上長とのコミュニケーション、つまり報告や相談の頻度について確認しておくことも大切です。まめに報告をしたほうがよいのか、適宜、まとまった時間を取って定期的にミーティングをしたほうがよいのか、さらに情報共有を細かくしてほしい上長なのか、そうではないのか、上長のタイプによってだいぶ考え方が異なるでしょう。

上長の意図もありますから、最初に確認しておきましょう。部下

から見れば上長は一人ですが、上長は多くの部下を抱えていることもあります。また上長自身も多くの仕事を抱えています。上長は忙しい、ということを大前提としたコミュニケーションを心がけましょう。

　多くの案件を抱える中、同時並行で相談ごとを多くのメンバーから受け、しかも似たような案件があることも多いため、混同してしまうこともあるかもしれませんから、**今まで上長と共有してきたことは、すべて覚えてくれているという前提ではなく、大切なことは毎回繰り返し、確認するといったことも重要となります。**

SECTION 02

CHAPTER5_Planning

目標全体を俯瞰し プランを設計する

　目標が明確になったら、いきなりプランニングをするのではなく、まずは全体を俯瞰することに努めましょう。イメージとしては一呼吸おいて、時間軸を長めにとり、やるべきことの全体像を把握する感じです。考えるべきポイントは図表5-2に示す通りです。

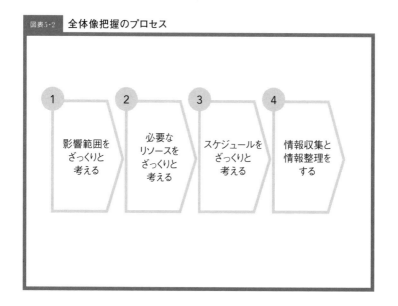

図表5-2　**全体像把握のプロセス**

① 影響範囲をざっくりと考える

まず目標を達成するために必要とされるプロセスに関わる人々の範囲を考えます。ここで重要な前提は、先に見てきたように、目標達成のためのプロセスへの理解が不可欠であるということです。

つまり、どのような進め方をすべきかということと、さらにその中での意思決定プロセス、そしてルールについて把握している必要があります。これらを考えることなくして影響範囲を考えることはできません。

影響範囲を考える際は、大きいことから小さいことに向かって考えていくとよいでしょう。目標の性格にもよりますが、大きいこととは、たとえば自社内に閉じているのか、外部パートナー会社などにも影響が及ぶのか、自社の中のみであれば自部門だけではなく、他部門にも影響が及ぶのか、といった感じです。

② 必要なリソースをざっくりと考える

影響範囲が特定できたら、どのような人を、どのような目的で巻き込む必要があるのかを考えます。

そのためには何がカギとなるのか、どのようなプロセスで、どのぐらいの状態まで巻き込んでいく必要があるのか、そのためにどのようなことを行う必要があるのか、を特定していくのです。

そして、そのタスクを実現するために、どこにどういった費用がどのぐらい必要そうか、といった予算や人のリソースを明確にします。このあたりまでイメージが進んできたら、ある程度スムーズに行けそうか、あるいはどのあたりが難所になりそうか、といったことについても予測がつくでしょう。

この段階で、上長とリソースについてはある程度、すり合わせしておくことが重要です。実行段階になって投入予算イメージが一桁ずれていた、という笑えない話も聞くことがあります。

③ スケジュールをざっくりと考える

巻き込む範囲、やるべきことが見えてきたら、どのようなタスクにどれぐらいの調整が必要か、そのためにどれぐらいの期間が必要か、といったことが明らかになってくるはずです。それらを織り込みながら、ざっくりとタスクをスケジュールに落としていきましょう。

影響範囲が広いプロジェクトでは、必ずしもすべてのプロセスやタスクについて自分が理解しているわけではないはずです。まずは自分が詳しい範囲と門外漢の範囲、そしてコントロールできる範囲とできない範囲といったように全体像を整理してみましょう。

特に門外漢の範囲については、この段階でどういうプロセスになっているのかを、できるだけ関係者にヒアリングしながら学んでおくようにしましょう。このプロセスを飛ばすと、この範囲については完全にブラックボックス化してしまい、実行段階になってトラブルの気配すら感じることができない、ありえないスケジュールを組んでしまう、というようなことが起こります。

確実に仕事を進めるタイプの人が陥るよくある失敗として、基本的に自分がスケジュール通りに仕事をするため、他人も同じようにやってくれると期待し、ぎりぎりのスケジュールを組んでしまうということがあります。

期日を守れないルーズな人もいるという前提に立ち、余裕のあるスケジュールを組むようにしましょう。

④ 情報収集と情報整理をする

スケジュールのイメージができ、具体的なメンバーの選択に入る前に、もう1つしておきたいことが情報収集とその整理です。この段階では必要最低限、ざっくりとしたもので構いません。目標達成のプランニングに必要となる情報には以下のようなものがあります。

[外部環境]

取り組む目標に影響を与えそうな外部環境、具体的には市場（顧客）と競合の情報について見ておきます。どれぐらい先の期間まで見通しておくかは、どれぐらいの期間をかけて達成していく目標なのかによります。見るべき要素は1章で触れています。

[過去事例]

自分の事例はもちろんのこと、同じ部署の先輩後輩で同様の取り組みをした人がいるかどうかについても確認しましょう。過去の取り組み内容そのものはもちろんのこと、各種データについても押さえておきましょう。

[他社事例]

他社の事例で一般に公開されているものがあるようであれば、調べておきましょう。最近ではインターネットを介し、さまざまな情報が有料無料含め、公開されている場合が多いです。

[社内ルール]

意外と確認が漏れがちなのが社内ルールです。意思決定ルールなどはもちろんのこと、他部門の人を巻き込む場合、承認プロセスが必要かそうではないか、から始まり、公開されているルールはもちろんのこと、時に暗黙のルールがある場合がありますので、上司や先輩に確認しましょう。

[人に関する情報]

関連する人に関する情報収集も重要です。公式なポジションはもちろんですが、それ以外に「実は○○さんを押さえないと営業部は動かない」というような隠れた影響力を持つ人がいたりします。

こうした情報はその中の人たちに確認しないとなかなかわからな

い場合が多いですし、簡単に聞こえてくる類いの話でもありません。普段から広い範囲で人間関係を構築し、できるだけこういった情報を得ることができる状態を作っておくことも大切です。

ある程度の情報収集を終えたら、あらためてどのぐらいの時間がどんな仕事に必要で、どのぐらいの期間でどのようなことをして、全体の予算はどのぐらいになるのか、そしてどういう環境変化が起こりそうなのか、その際、どのような選択肢がありえるのか、どれぐらいの柔軟性を持たせるのか、について情報整理をしておきましょう。

SECTION 03 CHAPTER5_Planning

実行計画と
実行体制を具体化する

　全体像を把握し、具体的に考えるための最低限の情報収集と整理が終わったら、いよいよ実行計画を立てていきます。プランニングのプロセスは図表5-3のように表すことができます。

❶ 的確なKPIに落とす

　プランニングの中で最も重要なことが的確なKPIを設けるということです。KPIというのはKey Performance Indicators の略で目

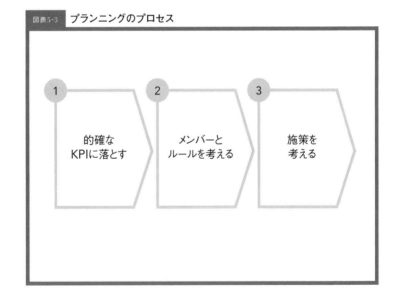

図表5-3　プランニングのプロセス

1. 的確なKPIに落とす
2. メンバーとルールを考える
3. 施策を考える

的を達成するための重要指標という意味です。つまり、達成したい大きな目的があり、それを実現するために重要となるプロセスごとの達成目標を数値で表したものです。

先にも挙げた営業所の全社キャンペーンのリーダーの事例で具体的に考えてみましょう。最終的な目標として営業所長がイメージしていたのは、○○製品の売上の対前年比率アップの全社キャンペーンで3位以内に入るということでした。わかりやすくするために以下の5点を前提とします。

● 前年の製品Aの販売個数は2万4,000個
● 営業所には3つの営業チームがあり、1チームあたりの営業スタッフ数は同じで、チームごとに1人のチームリーダーがいる
● 営業所の顧客は同じような規模の顧客が多く、営業1人あたりの顧客数もほぼ同じである
● 過去の他のキャンペーンでは、キャンペーンの1位の営業所の対前年売上比率は30%増前後。3位の営業所は15%増〜23%増の間とキャンペーンによってばらつきがある
● キャンペーン期間は3カ月間、売上傾向としては最初の1カ月が最も数値が上がりやすく、月を追うごとに数値は下がっていく傾向にある

この場合、たとえば以下のようなKPIが考えられます。

● 過去の3位の営業所のキャンペーンでの対前年売上比率の最大数値は23%増だったため、ターゲット数値を、少し余裕を見て、仮に営業所全体で対前年比率25%増の達成とし、営業がわかりやすい具体的な販売数量として3万個を目標数値とする
● 過去の傾向から3カ月のキャンペーン期間の1カ月ごとの進捗目標を作成、徐々に下がっていく傾向から、最初の1カ月に1万

5,000個、2カ月目に1万個、そして3カ月目に5,000個の目標とする
- さらにそれらをチームごと、営業担当者ごとに目標数値をブレイクダウンし、平均受注率などを考慮し、それを実現するために割り出した数値として、1日あたりの顧客訪問件数2件を目標とする

　KPIは最終目標につながるプロセスを分解し、これらの数値を確実に実行していけば、最終目標が高い確率で実現できるというようなものでなければなりません。設定したKPIをもとに進捗管理をしていくことになりますので、的確なKPIを設定することが、プランニングの肝であるとも言えます。

　的確なKPIを設定するために重要なポイントをあらためてまとめておきます。

- **最終目標につながるプロセスとその因果関係を正しく把握しておく**
- **できるだけ精緻で根拠あるデータを用いる**（データを扱う上での注意点は、『27歳からのMBA　グロービス流ビジネス基礎力10』の「5章　データ・情報分析力」を参照ください）
- **ワーストシナリオを意識し、KPIの数字に余裕を持たせておく**
- **KPIはアウトプットそのもの（目標数値）のKPIと、アウトプットにつながるプロセスのKPIに分けてプランニングし、管理をする**

2　メンバーとルールを考える

　営業目標などは自分一人で完結することもありますが、チームを率いる場合や社内横断的なプロジェクトのリーダーを任された場合、さまざまなメンバーをうまく巻き込んでいく必要があります。実際

に、確実に目標を達成していくリーダーの多くの共通点に、仕事を的確にメンバーに振ることができるという特性が挙げられます。

逆に後手に回っているプロジェクトに共通しているのは、リーダーやそれに近い人がありとあらゆることを自分一人で握ってしまい、そこで仕事が滞ってしまっているということです。

そうならないためにも、次に挙げる2点についてしっかり確認をするとよいでしょう。

[メンバーの検討]

自分にメンバーを選ぶ権限がある場合は、何となく気が合う人や目立っている人、さらにはベテランや若手といった括りで、あまり深く考えずにメンバーを選びがちです。しかし、どのような時でも、目的に沿って、どんな役割を担う人が必要か、またその人にはどのような能力が必要か、その上でそれらを兼ね備えた人物は誰かといったように、戦略的に考えるようにしましょう。

[コミュニケーションのルールを明確にする]

全体の概要を把握し、メンバー選択を終えたらメンバー間のコミュニケーションの方法について決めておくとよいです。コミュニケーションの意図には、大きく意思決定と情報共有がありますが、まず意思決定については、それぞれのメンバーが何をどこまで勝手に意思決定してよいか、つまり、どこまでの権限を与えるかについて明確にしておかなければなりません。

複数のメンバーで同時に話し合わなければ意思決定できないことについては、会議を設けるか、あるいはメールなどでやり取りするかなど何らかの方法を決めておくべきでしょう。

情報共有についても、どこまでどれほど情報共有をしてほしいかについても意識合わせをしておきましょう。

コミュニケーションに関する意識がずれるとお互い勝手にイライ

ラし、ストレスを溜めるという状況に陥りがちです。目標を達成するプロジェクトとそうでないものの最も大きな差は、コミュニケーションがうまくとれるかどうかにあると言っても過言ではありません。

　プロジェクトの場合は、キックオフミーティングなどの機会を持ち、最初の段階で意識合わせをしておくとよいでしょう。

③ 施策を考える

　大きな目標があり、その目標を達成するためにさまざまなプロセスがあり、そのプロセスごとにも細かく刻まれた目標があり、そしてまた、それを達成するために諸々の施策があります。

　細かい施策の考え方については、『27歳からのMBA　グロービス流ビジネス基礎力10』の「6章　次の打ち手を考える力」を参照いただければと思いますが、ここでは特に重要なポイントについて解説します。

　前述した全体の目標とそれを達成するためのプロセス、そして個々の施策の関係は図表5−4のようになります。

　最終目標を達成するために必要なプロセスがいくつかあり、さらにはそのプロセスごとに目標がありKPIが設定され、それを達成するための施策を検討することになります。

　まずはこのように全体像、そして因果関係を整理した上で、どこのための何の施策を考えているのか、ということが混乱しないようにしなければなりません。それができて初めて、課題がどこにあり、まず何に手をつけるべきなのかといった優先順位を判断することができるのです。

　施策を検討する際は、思いついたものから検討するのではなく、できるだけモレなくダブりなく何らかの切り口に沿って、全体の選択肢を明らかにしながら行うようにしましょう。

図表5-4 **全体の目標と個々の施策**

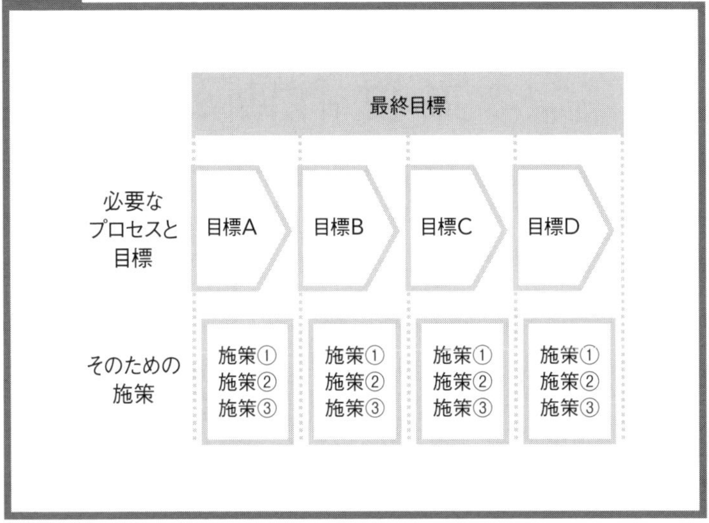

最終目標

必要な
プロセスと
目標

目標A 目標B 目標C 目標D

そのための
施策

施策①
施策②
施策③

施策①
施策②
施策③

施策①
施策②
施策③

施策①
施策②
施策③

SECTION
04

CHAPTER5_Planning

実行計画を確定し スケジュール化する

　大きな目標達成に必要なプロセスを把握し、プロセスごとの目標とやるべきことの選択肢の全体像が明らかになったら、最終的に方針を決定し、具体的なスケジュールとやるべきことを確定させます。どの施策を優先的に行うのかを決める際に重要なことは、その判断基準を明確にしておくということです。判断基準になりえるのは、たとえば以下のような項目です。

● 目標達成へのインパクトの大きさ
● 実行の難易度
● 必要な予算
● 必要なリソース
● スピード

　どの項目に重きを置くかというのは、その時々のケースや環境に依存します。また経営理念やビジョンといった会社が大切にしていることからも影響を受けます。何かをする段になって初めて確認するのではなく、普段から上長や先輩がどのようなことを意識しているのかに注意を払っておく必要があります。
　同時に状況を的確に把握するために、常に外部に目を向け情報を集め、自分たちを取り巻く環境を客観視し、全体を俯瞰してみるクセをつけておかなければなりません。その時々の状況を自分で理解

し、感じることができて初めて、どこに重きを置くかが判断できるようになります。

　施策を決めたらあとは実行するのみ、となるかもしれませんが、その前にもう1点やっておきたいことがあります。それは、その施策、そしてその実行スケジュール（プラン）の見直しを検討するタイミングを決めておくということです。施策を企画、実行している間にも顧客や競合といった外部環境は刻々と変わっていきます。

　またそれが変わらなくても、そもそもの施策そのもの、あるいはその施策にいたった仮説が間違っていたということも起こりえます。それらはいずれにしても実際に実行してみないとわからないものですので、最後はえいや！で実行するのですが、想定していたような結果が出なかった時は、方向を見直さなければなりません。

　そのことを自覚し、事前に「数字が○カ月で△△いかなければ、見直す、あるいは用意していた別のプランを試す」とか、「まずは○カ月の段階で△△と××をレビューして、それから見直しをする」などと、決めておくことが重要です。これがないと、日々の忙しさの中、気づけば効果が出ないのにずるずると同じことをやり続け、年度の数字が締まる頃に、もっと早く見直していればよかった、ということにもなりかねません。

　的確な施策を打ち、成果を出し続けている人は、過去の経験を常に振り返り、次に向けての知見を蓄積し続けています。施策を実行したら必ず振り返り、次につなげるという愚直な積み重ねこそが施策の確度を上げていくのです。

　以上、プランニングについて見てきましたが、スピードが重視される時代においても、ひと手間を惜しまず、しっかり目配りをしながら、動くプランを作ることの重要性は何ら変わるものではありません。実行の段階で「あっ」ということにならないよう気をつけたいものです。

推薦図書：
『27歳からのMBA　グロービス流ビジネス基礎力10』グロービス経営大学院
　　著、田久保善彦、荒木博行、鈴木健一、村尾佳子執筆、東洋経済新報社
『社内を動かす力』グロービス著、田久保善彦執筆、ダイヤモンド社

CHAPTER

1

2

3

4

5

CHAPTER 6

Arrangements & Systemization

6

7

8

9

10

SECTION

01

|

02

段取り・
仕組み化力

CHECK LIST

段取り・仕組み化力　チェックリスト

本章を読み始める前に、チェックリストに○を付け、ご自身の状況を確認してみてください。○が少ない方は、6章をじっくり読むことをお勧めします。

1　実行計画をつくる際、大切なポイントのチェックリストを作成している　CHECK

2　プロジェクトの準備などをする際、ボトルネックはどこかを常に意識している　CHECK

3　プロジェクトの準備などをする際、期限、制約、やらないことを明確にしている　CHECK

4　プロジェクトにメンバーを配置するにあたって、各人の特性などを理解しようとしている　CHECK

5　必要に応じて、重要事項を重要人物に事前に伝えるといった根回しをしている　CHECK

6　プロジェクトが終わったら、その結果を次回に活かすべく仕組みにする努力をしている　CHECK

7　似たようなプロジェクトに適応可能なチェックリストやマニュアルなどを作成している　CHECK

5章のプランニングの話を踏まえ、6章では実行に向けて、プランをより具体的なものに落とし込むための「段取り」と、再現性のある形で何度も実行可能な状態にするための「仕組み化」について見ていきます。

　ここでは、段取りを「ある目標を実現するためにつくられたざっくりとしたプランをもとに、実際に関与するメンバーがどのように動くべきかがわかるように、効率的にリソース配分、時間・工程管理すること」と定義します。そして、「段取りしたことを実行し、実際に起こったことから、次回に向けて多くの人が、いつでも、どこでも対応できるようにわかりやすく整理すること」を仕組み化と定義します。

　段取り、仕組み化は、ビジネスを実行していく上で、分野や役職を問わずあらゆる場面で必要な力であり、できるビジネスパーソンなら必ず具備しています。

　日々の電子メールのやり取りから始まり、営業やオペレーション、社内会議、何らかのプロジェクト、イベントの開催、予算交渉、さらには社内の飲み会、勉強会まであらゆるシーンで求められます。

SECTION 01

CHAPTER6_Arrangements & Systemization

段取り力をつける

　段取りは日常のあらゆる場所で必要とされます。多くの人を巻き込んで行うような大規模な仕事でも、そこから切り出された小さい個別タスクでも、考えなければならないステップは基本的には同じです。

　段取りの方法はいろいろありますが、まずはしっかりと基本形を頭に入れ、その通りに実行できるようになってから自分流のものを確立していくことが大切です。

図表6-1　段取りのプロセス

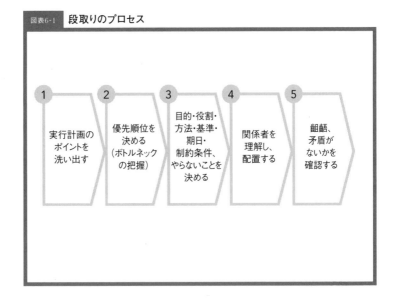

本書は、リーダー的な役割を担っている、担いつつある方を主な読者層としているため、複数人で取り組んでいく仕事の段取りを中心に見ていくことにします。

① 実行計画のポイントを洗い出す

ここでは「あるシステム会社で、10％の売上アップを実現する」の1つの施策として、「300名のクライアント担当者を集めた著名コンサルタントの講演会を開催する」という施策（プロジェクト）を例に段取りを見ていきます。読者の皆さんはこのプロジェクトのリーダーを任された気分で読み進めてください。

全体のプランニングと同様に、段取りの基本は、そのプロジェクトや取り組みは何のためにやるのかという**目的**（たとえば「著名コンサルタントの講演を自社のクライアントに聞いてもらうことを通じて、当社へのロイヤルティを高めてもらう」など）**を具体的な言葉でしっかり押さえるということにあります。**

目的＝実現したいゴールを確認することの重要性は強調しすぎることはありません。特に長期にわたるプロジェクトの場合、目の前の仕事にフォーカスしていると、もとの目的を忘れてしまい、結果、プロジェクトメンバーが同床異夢の状態になって混乱することはしばしば起きます。

何のために段取りをしているのかを、毎回のミーティングで確認するなどして、常に忘れない心がけをすることが何よりも大切です。

目的を押さえたら次は、「プロジェクトを進めるためのポイントを洗い出す」ことが重要です。ひと口に実行上のポイントを洗い出すといっても簡単なことではありません。まずやるべきことは、社内外で同じようなケースがないかを確認してみることです。

たとえ失敗事例でも、事例を確認することから、「この手のプロ

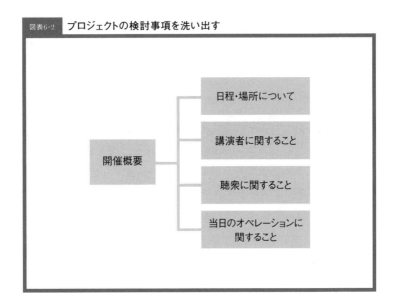

図表6-2　プロジェクトの検討事項を洗い出す

ジェクトを成功させるためには何を考えなければならないか」というヒントが得られるはずです。事例を参考にしつつ、全体を構成する大きな要素を3～5つ設定します（図表6-2）。

たとえば、「日時や場所について」、「講演者に関すること」、「聴衆に関すること」、「当日のオペレーションに関すること」といった感じです。ここで設定する大項目に抜けがあると、検討しなければならないこと、決めなければならないことに大きな穴があいてしまうことになるため、プロジェクトなどが失敗する可能性が高まりますので、時間をかけて検討する必要があります。

そして、その大きな柱をさらに細かい項目に分解していきます。

図表6-3に示したように、**プロジェクトを実施するために何を考える必要があるのかを洗い出すことが、良い段取りをする上では欠かせません**。図のように3段目までの大枠さえつかんでおけば、

図表6-3 検討事項を細分化する

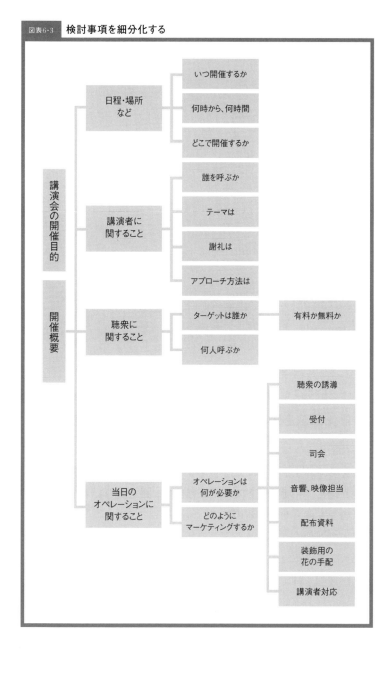

もし何かあった場合でも影響は相対的に小さく、リカバリーできる可能性は高いと言えます。

　ここで忘れてはならないことが、図の中の小さい箱1つひとつの中にも段取りは必要であるということです。たとえば、「装飾用の花の手配」というだけでも、

● 何のためのイベントなのか
● そこからするとどんな色の花が良いのか
● どのような大きさが良いのか
● どこの会社に依頼するのか

など、さまざまなことを考える必要があります。これを押さえないと、華やかな会にしたいにもかかわらず、地味な花が届いたりしてしまうものです。

　現在、プロジェクトマネージャーのような立場にない読者の方は、このような小さい段取りの細部に神を宿らせることから始め、大きい段取りができるように場数を踏んで行っていただきたいと思います。

② 優先順位を決めるために、ボトルネック（難所）を考える

　全体像を押さえたら、次に「その中で何がボトルネックになるか」を考えます。ボトルネック、つまり**プロジェクトを一連の流れとして見た時に、一番流れが滞りそうな部分、最も難しいポイントはどこなのかを明らかにする**のです。

　どこでどのようなミスが起きると最もダメージが大きいのかなどを考え、できるものは準備段階で徹底的に対応する努力をするのです。具体的には、

● 何が決まらないと、何も前に進まないか

● 最も意思決定に時間がかかりそうなのはどこか

● 最も多くの関係者が関心を寄せ、意見が対立しそうなのはどこか

● 代替が効かない要素はどこか

● その要素が決まらないと、後段の工程に大きな影響を及ぼすのはどこか

などです。後述しますが、ボトルネックになりそうな部分をしっかり理解できれば、重点的にそこに対策を打つ、最も経験豊富な人や力のある人を配置して対応する、機材であればバックアップを準備する、などの段取りができるでしょう。

このボトルネックはどこなのかを常に考え、トラブルを予測する努力を怠らないようにしましょう。

③ 目的・役割・方法・基準・期日・制約条件、やらないことを決める

全体像を押さえ、ボトルネックを把握したら、次は時間軸を加味した概略の設計です。

この段階では、実際にプロジェクトメンバーになる人たちにしっかり説明できるレベルの計画をつくることをイメージするとよいでしょう。具体的に決めるべきことには次のようなものがあります。

● 全体の目的は何か

● どのような水準の仕事をしてほしいのか

● どのような方法で取り組んでいくか

● 何をやり、何をやらないか

● 成功、失敗の基準は何か／何を持って終わりとするか

● 制約条件（裁量範囲）は何か

● どのようなメンバーが関与するか

- それぞれの担当の役割は何か
- それぞれの役割を果たす方法は何か
- 何をいつまでにやるか
- 最悪の事態（リスク）としてどんなことが想定されるか

　このような、ある程度具体的かつ、意味のあるゴールを決めなければ、参加する人のやる気は高まりません。
　「空気を読んでやってくれ」ではなく、段取りする人の頭の整理のためにも、しっかり言葉にする努力をすべきです。この中で、特に注意をしていただきたいのは、「やることは議論するが、やらないことは議論せず明確にしていない状態」です。
　このやらないことを決めるというのは、やることを決める以上に実際に現場で仕事をしている人には大きな意味を持つ場合があります。真剣に物事を考え、取り組んでいる人ほど、さらに上を目指し、あれもこれもという状況になりがちです。
　この姿勢、マインドは素晴らしいことですが、プロジェクトの目標がぶれたり、打ち手が散漫になったりしがちです。やらないということを明確にすることの重要性を頭の片隅に置き、自らに次の問いかけを常にしてみてください。

- それをすることの必要性は高いか
- それをすることの重要性は高いか
- それをすることは緊急性が高いか

　関連して、このプロジェクトの「成功は何か」「何を持って終わりとするか」という判断基準を定義しておくことも非常に重要です。
　いったいどういう状況になったら成功というのか、失敗というのか、その判断基準がないために、メンバーがどこまでやったらよいかわからないという状況に追い込まれ、混乱するという場面もよく

見られます。

　そして、最後に**重要なのは日程、時間管理です**。各タスクを時間軸に沿っていつまでにやるかを決めていきます。

　まず、全体を俯瞰する鳥の目として１〜３カ月単位のスケジュールを管理するようにしましょう。図表６−４で言うと、２〜３段目程度の大項目を俯瞰できるような、スケジュールをつくります。その際、できるだけ目的達成に向け細かいステップを刻むように、マイルストーンを設定します。

　このマイルストーン（大きなゴールに向けたステップ）にしたがって、進捗状況や達成度などを定期的にチェックする機会を設けるようにするのです。こうすることで、プロジェクトにメリハリがつき、関係者のモチベーションの維持などにも役立ちます。

　特にプロジェクトが長期間にわたる場合、定常的な業務に従事している場合などにはおろそかになる場合があり、気がついた時には手遅れなどという状況になっていることがありますので、ぜひ注意していただきたいポイントです。

　各タスクに関しては、虫の目としてチェックリストを用意する（担当者に用意してもらう）とよいでしょう。できるだけ詳細な項目を、抜けなく漏れなくつくる必要があります。

　大きいプロジェクトでも結局は小さいことの積み上げですから、細部に神を宿らせる努力は不可欠です。

　時間管理をしていく時には、必ずある程度の「ゆとり」をあらかじめ設定しておくことが大切です。

　バッファがまったくない計画を組んでしまうと、万が一、何かが起きた時に、対応のしようがありません。類似のプロジェクトに携わったことのない時は、３〜５割増しでバッファを取ることを考えてみてください。

プロジェクトに着手した段階で、その時間が取れない場合、着手の時期が遅かった可能性があります。

④ 関係者を理解し、配置する

プロジェクトの概略設計ができたら、次は実際に携わる人の配置です。この際、非常に難しいのが、**関係者の「力量」を知るということです。**読者の皆さんも、部下やメンバー、そして同僚の力量を知るために、いろいろな努力をしていると思いますが、相手を知るためのコミュニケーションの時間が、なかなか取れないというのも事実でしょう。

- 忙しすぎてコミュニケーションの時間が取れない
- チームや課、部で飲みに行くなどの機会が非常に少ない
- 上司や先輩と飲みに行く機会などを、部下や後輩が学びの機会と捉えていない
- （上司からすると）パワハラなどのリスクを感じて誘いにくい

など、いろいろな話を聞きます。しかし、これであきらめては関係者の力量を知ることはできません。ぜひ多面的なコミュニケーションをしていただきたいと思います。

加えて、当たり前のことですが、コミュニケーションだけでなく、「観察」も大切です。日常の行動にはさまざまなメッセージが隠れているものです。なんとなく表情が暗い、わずかな遅刻が続く、帰りが遅いなど、小さいメッセージを見逃さないようにすることが大切です。

また、本人とのコミュニケーションや観察のほかに、周辺の人からの情報収集も欠かせません。特に大きな組織になると、全体を見渡すことが難しいことも多いでしょう。そんな時は信頼できる人からの情報を活用するのです。特に、これから取り組もうとしている

| 図表6-4 | メンバー理解度チェック表 |

			Aさん	Bさん	Cさん
一般的な相手の理解					
能力	どのような経験・実績の持ち主か		営業畑 新規クライアントの開拓実績が豊富		
	どのような知識、専門性を持っているか		マーケットの分析をする力（数字に強い）		
	どのような視点、視野を持っているか		常に数字に基づいて分析的に思考する		
	普段、どのような手順やプロセスで仕事に取り組んでいるか		数字、ファクトベース		
	リーダーシップを取ることができるか		関係良好な人からの評判はよいが、悪く言う人も多い		
	チームプレーができるか		スタンドプレーに出ることが多い		
	新しいことにチャレンジしているか		チャレンジ精神は旺盛		
	難しいことにチャレンジしているか		難しいことにもチャレンジする		
仕事のスタイル	報告、連絡、相談をしっかりする人か		最低限の報告にとどまる場合が多い		
	細かいことが得意か、大きなことをダイナミックに進めるのが得意か		細かいことにこだわる		
嗜好性	どんな仕事にワクワクして取り組むか		分析的に進める仕事		

		どんな仕事にはワクワクできないか	あいまいな仕事は苦手		
	意欲・姿勢	問題意識、現状に対する危機意識は高いか	危機意識は高い		
		当事者意識は高いか	当事者意識は非常に高い		
		目標達成意欲は強いかどうか	数字には最後までこだわる		
		感情のコントロールはできるかどうか	自分の言いたいことが通らないと感情的になることがある		
	性格	明るい性格か、暗い性格か（ムードメーカーになれるか）	暗い性格ではないが、ムードメーカーではない		
		気分の浮き沈みは大きいか、小さいか	気分のむらは少ない		
		口は堅いか	口は堅い		
		心配性か楽天家か	心配性		
現在の相手の状況理解					
	繁忙状況	残業の状況は	現在は月に30時間程度		
	体調		特に問題ない		
	プライベートの心配事		不明		

出典：『社内を動かす力』グロービス著、田久保善彦執筆、ダイヤモンド社

件に関連して、ノックアウトファクター（決定的によくない状況になる要素）となる人間関係などがないかなどを確認しておくことは非常に重要です。

　では、ひと口に関係者の力量を知るといっても、実際には何を理解すればよいのでしょうか。すべての情報を引き出し理解するのは難しいと思いますが、図表6-4のような項目を意識するとよいと思います。ぜひ主要メンバーの理解度チェックに使ってみてください。

　このようにして、メンバーになる可能性のある人の特性を理解しつつ、各タスクに配置します。この際**大切なことは、「誰が何を担当し、どこまでが誰の責任なのか」を明確にする**ことです。
　この作業を怠ると、プロジェクトが進んだ段階で、責任の押し付け合いになったり、逆に双方が無関心な部分から水が漏れたりしてしまいます。
　一方で、プロジェクトは不確定性があるため、途中で役割分担が変わったりすることもしばしばです。最初に役割を設定する段階で、各マイルストーンの確認の際に、役割分担の変更を行う可能性があることなども宣言しておくとよいでしょう。

⑤ 時間軸と項目軸と担当者軸で齟齬がないか、矛盾がないかをチェックする

　目的を押さえ、概略設計ができ、主要な担当者の配置が済んだら、段取りも終盤です。実際の期限（イベントであれば開催日）までの時間に、どんな要素を固めていくか、それは誰が責任者なのかという3軸で齟齬がないかを確認していきます。
　この確認作業が最終成果の出来に大きく影響しますから、しっかりと見る必要があります。

責任者に関しては、そのタスクを任せることができる人が配置されているかをチェックします。不安がある場合には、近くで業務に当たるメンバーが、弱みをカバーできるかなどを確認するとよいでしょう。

　次に、準備すべき項目と時間については、できるだけ詳細なイメージを膨らませます。どんなに準備をしていても、不測の事態が発生したりしますので、予期していなかった、という部分をどこまで減らすことができるかが、段取りの善し悪しを決めます。

「もしかすると、こんなことが起きるかもしれない」ということを徹底的にイメージするようにします。たとえば、300名のクライアントを集めたイベントのケースであれば、次のようなポイントです。

- 万が一、講演者が定刻に来ない場合はどうするか
- 万が一、当日、台風になり公共交通機関が乱れたらどうするか
- 万が一、当日、急に講演者のパソコンが壊れたらどうするか
- 万が一、……

　段取り力とは「イメージする力」であると言ってもよいでしょう。イメージを湧かせるため、このケースであれば現場となる会場を前もって見に行く、似たような経験をできるだけ多く積む、といったことが大切なのは言うまでもありません。

　誰しもが最初からうまく段取りをできるわけではありませんから、段取り上手な人の動きを見ながら常に学ぶ姿勢を持ち、自分の頭の中にチェック項目を増やしていくようにしましょう。その際、お手本になる人の判断基準について質問をし、自分の中に取り込んでいく方法が効果的です。いずれにしても、準備できた以上の成果が本番で表れることはないということを肝に銘じておきましょう。

動画のイメージで人の動きが見える段取り　　COLUMN

　段取りにおける大切なコンセプトをひと言で言うと、「動画イメージが湧くか」ということです。Ａさんがこう動き、Ｂさんはああ動き……といった、関係する人々が実際に動いている様子が頭に浮かんでくるかどうかが非常に大切です。時間を区切り、ガントチャートを書き、といったことは大切ですが、それだけでは物事は動きません。

　先に議論した関係者の力量の理解を基本に役割分担などを計画するのです。特に、多くの人が関与する場合などは、大切なポジションに自分自身が信頼できるキーとなる人材を配置できるかどうかは大切です。

　たとえば、20名のプロジェクトチームを組むことを考えてみましょう。20名全員の特性を詳細に知ることは難しいかもしれませんが、3〜5名のキーパーソンをしっかり理解しておくことができれば、状況はだいぶ動画のイメージになってくるはずです。

　また、苦労は自らが一手に引き受けて、というような覚悟を持ってことに臨むのは、ある意味素晴らしいことですが、特に長期戦になるプロジェクトの場合などについては、自分自身も、ワクワクドキドキできるかという視点を持ってイメージを膨らませることが、自らの身体と心の健康を維持するためにも大切です。

⑥ 段取りする相手との信頼関係をつくる

段取り力の最後に、「そもそも論」を書いておきたいと思います。それは、何か「こと」を成功させるために、**巻き込むべき人と日頃からしっかりとした信頼関係を作っておくということが非常に重要だということです。**

今回はイベントの開催というプロジェクトを例として設定しましたが、実際のビジネスにおいては、「さまざまな国の人々と実際に会うことはあまりないままに、大規模かつ長期のプロジェクトに携わる」といった難易度の高い案件もあるでしょう。

こうした場合、**良い段取りをするには、社内、社外を問わず信頼できるネットワークを持っていることがカギになるのです。**誰に話をしに行けばよいか、まったく見当がつかない人と、見通しが利く人とではどちらが迅速に段取りできるかは言わずもがなです。

ここで1つ注意事項です。特に最近は社外のネットワークを重視し、朝活などの勉強会や交流会などに参加する人に頻繁に出会います。社外にネットワークを広げることは意義深く大切なことだと思いますが、だからといって、社内人脈をないがしろにしてよいということではありません。

社内でネットワークをつくることができない人と、つながりたいと思うでしょうか。同じ会社のミッションやビジョン、事業内容に憧れて入社してきた仲間です。頼りになるはずの仲間です。

今以上に、社内で意味のあるネットワークをつくるということに時間を割いてみるべきではないでしょうか。

⑦ 健全な根回しをする

知り合いが増えた、ネットワークが広がったからといって安心してはいけません。実際に何らかのプロジェクトに関与し、誰かに動いてもらうためには、事前準備、つまり、表立ってさまざまな活動

を開始する前の下ごしらえが大切です。

「根回し」というとネガティブなことのように聞こえますが、**「健全な根回し」は進んでやるべきです。健全とは、「私利私欲に走らない、社会、会社にためになる」ということ**ですが、根回し＝自分だけの立場を有利に持っていくという概念を払拭し、Win−Winの関係をつくることを目指したいものです。

実際に根回しをするにあたっては、それまでに築いてきた人脈が重要になります。たとえば、何かのプロジェクトを実施するために、いきなりトップに根回しといっても、現実的には無理な場合が多いでしょう。

であれば、トップに話を入れることができる役員は誰なのか、その役員に話を入れられる部長や課長は誰なのか、人脈の連鎖でテコの力を効かせ、根回しをすることも大切です。

もちろん話の大きさやレベルに応じて、最終の意思決定者が課長の場合も、部長の場合もあるでしょう。大切なことは、「意思決定者やキーパーソン」にたどり着く道筋を押さえられているかどうかです。加えて、キーパーソンに対しては根回しが成功したとしても、現場で反対する人が動かないという話は、世の中にいくらでもあります。

つまり、実行までを考えれば、上下、横、斜めと複数の方向性で根回しをすることが重要となります。

振り返り　　　　　　　　　　　　COLUMN

プロジェクトが終了した後に、もしくはその途中段階でも行うべきことがあります。それは「振り返り」です。

何がうまくいき、何がうまくいかず、その理由は何で、そこから学んで、次に生かすべきことは何かを考えるのです。

よく「経験から学ぶ」という話がありますが、実は経験した
だけでは、多くのことは学べません。この言葉の意味を正確に
表すなら、「経験しただけでは多くのことは、もしくは質の高い
ことは学べない。経験を振り返ることを通じて学びに昇華しな
ければならない」となります。

　振り返りを行うためには、まずは時間を取ることが必要です。
振り返りの重要性や必要性を否定する人は多くないと思います
が、忙しさにかまけて、なかなかできないのも事実です。

　毎日時間を取ることが難しければ、1週間に一度15分か30
分でもよいでしょう。大切なことはこの時間を自分の予定表に
書き込み、時間を押さえることです。やることの意味は理解し
ても具体的な行動にしない限り、実行すること、実行し続ける
ことは非常に難しいのです。

　次は空間です。おそらく最も誘惑が多く、集中したり、考え
ごとをしたりすることが難しいのが自宅でしょう。テレビがあ
り、パソコンがあり、本があり、そして家族がいて、寝床やソファ
がある。自宅でも大丈夫という方はまったく問題ないですが、
そうでない方は、行きやすくて、振り返りをしやすい場所を探
してみることをお勧めします。

　グロービスに通う大学院生も多くの方が、自宅以外に学びの
場所を確保しています。時間と場所さえ押さえれば、振り返り
に対するハードルはとても低くなるはずです。

　具体的な振り返りの方法などにご興味のある方は、『27歳か
らのMBA　グロービス流ビジネス勉強力』（東洋経済新報社）
をお読みください。

SECTION

02

CHAPTER6_Arrangements & Systemization

仕組み化力を
つける

　さまざまなプロジェクトなどで段取り力を鍛えたら、次はそれを仕組み化する力を身につける番です。いつでも、誰でも、次に似たようなことをする時に、段取りをしなくてもうまくいく状況を作り出すことを目指すのが仕組み化です。

「新しいことへのチャレンジの結果を仕組み化する」このサイクルを回すことができる組織はどんどん強くなっていくでしょう。なぜなら『無印良品は、仕組みが9割』（松井忠三著、角川書店）等でも示されているように、

- 仕組みがあれば無駄が減る
- 仕組みがあればミスが減る
- 仕組みがあれば情報共有などがスムーズになる
- 仕組みがあれば仕事がスピーディーになる
- 仕組みを通じて大切なことをスタッフが理解できる
- 仕組み化することで知恵やノウハウが形式知化し、蓄積できる
- 仕組みを実行する間に、人の意識が変わる

からです。

❶ 仕組み化する意識を持つ

　トヨタ自動車には、「WHYを5回繰り返す」で有名な問題解決

法があります。読者の皆さんは、その解決のプロセスの中に「横展開する」というステップがあるのをご存知でしょうか。自分たちのチームや部署、プロジェクトで行った問題解決を他部署でも役立つように標準化し、横展開するということが問題解決のプロセスの中に組み込まれているのです。

　目の前にある仕事に集中し、忙しく取り組んでいると、そこで得たノウハウなどを形式知にすることを忘れがちになってしまうため、プロセスの中に「横展開」が明記してあるのではないかと筆者は考えています。

　仕組み化の中で最も大切なことは、この横展開もしくは次への展開を強く意識することです。

　トヨタ自動車の例を出すと、トヨタは特別だからという声が聞こえてきそうです。また、工場で物を作っているからやりやすそうだというような声もあるかもしれません。

　しかし、仕組み化されているのといないのとでは、大きく効率が違うことを感じていただけるはずです。仕組み化が難しい仕事をする時間を増やすことができれば、全体の生産性も向上するはずです。

● 会議を開催する時は、出席者に何日前までにアジェンダを送るか、どのようなフォーマットで議事録を取るか、誰が議事録を作成するか、議事録はいつまでに作成するかをすべて決めておく

● 営業用に作成した資料は、営業担当者が可能なサーバーに格納し、利用可能な状態をつくることを仕組み化する

● 営業後は、決まったフォーマットでその日に報告を上げることを仕組み化する（トヨタ自動車にはＡ３ペーパーというフォーマットもあります）

● イベント開催に関しては、最低限押さえるべき項目をチェックリスト化し、定型的に外部に委託する部分は自動発注できるようにしておく

- クライアントに提出する企画書や報告書には最低限の必須記載項目を決める
- 頻繁に起きそうなトラブルに関しては、対応方法をマニュアル化しておく
- 毎回発生する作業に関しては、定期的に可能な限りIT化しておく
- 顧客フロントでクレームが発生した際の一時的な対応方法を決めておく　など

　当然ですが、横展開するのが重要なのは、個人的に行っている仕事でも同じです。あるノウハウを特定個人が抱え込んでいては、その仕事を規模化することができませんし、その人が何らかの理由で退職することになったら、すべてが失われてしまいます。

　これは、企業としては非常にリスクの高い状態ですから、徹底的に仕組み化の可能性を探るべきです。

　仕組み化の方法は、マニュアルを作成する、チェックリストを作る、ITシステムを構築するなど、さまざまな方法がありますが、その必要性の認識がすべての源です。

② 仕組み化すること・しないことを分け、効果が上がる範囲で仕組みにする

　仕組み化への意識を持てるようになったら、**仕組み化する部分・しない部分を分けて考えるクセをつけましょう。**

　基本的には、考えることが必要なこと、判断が必要なことは仕組み化には向きません。一方で、単純な作業がメインとなる仕事は仕組み化すべきです。毎回考える必要のないことを可能な限り仕組み化し、仕組み化できない仕事をする時間を最大化させるのです。

　具体的には、戦略立案、中期計画の作成、クライアントに対する提案書の作成などは仕組み化が難しいです。一方で、比較的単純な

見積り作成、会議の招集、さまざまなオペレーション業務、そして
すべてのルーチンワークなどは仕組み化しやすいはずです。しかし、
ここでも注意が必要です。

　仕組み化が容易なものの中でも、たとえば、数年に一度使うか使
わないかというような機能をすべてITシステムに持たせるのか否
かは判断が必要です。

　考え方や、投資可能な金額にもよりますが、仕組み化はどこかで
線を引かなければなりません。たとえば、なんでもIT化していた
らいくらお金があっても足りなくなります。

　逆に、既存のパッケージソフトやクラウドサービスに合わせて、
自社のオペレーションを組み替えるなどのことを検討すべき場合も
あるでしょう。

　特にITシステムについては、日本は歴史的にゼロベースで自社
特有のものを開発し、すべてカスタマイズして仕組みを構築してき
た企業が多いのですが、近年では既存サービスなどを活用し、業界
のデファクトに合わせる方法もだいぶ進んできています。

　このような状況も踏まえつつ、ここでも大切なことは、**仕組み化
することで何を実現したいのかという目的や軸、価値観を明確にし
た上で、仕組み化の範囲を決めること**です。

　いったん仕組み化すると決めたことについては、実行する人が迷
わないように、できるだけ細かく手順化することが大切です。中途
半端なマニュアルは百害あって一利なしです。仕組み化し、マニュ
アルにする時は常に「誰でもできるか、いつでもできるか」を念頭
に置くべきです。

　実際に仕組み化する時には、次のようなことに注意するとよいで
しょう。

　まずは、**「個人の特殊能力に頼らない」**ということです。仕組み
化は誰でもできるようにするのが目的ですから、できる人はできる

が、できない人はできないでは困ります。一定の能力を持つ人であれば誰でもできることが、具体的に仕組み化を考える際には最も大切です。

次に留意したいのが、「制約条件を最小にする」ことです。いつでもできることが仕組み化の条件の2つ目ですから、あれこれ条件が揃わないと実現できないのでは困ります。

制約条件がゼロというのは現実味がないですが、一般的な環境下で問題が発生しないレベルの仕組みを目指しましょう。

❸ チェックリスト・マニュアルを作り、定期的な見直しをする

代表的な仕組み化の方法は、チェックリスト、マニュアル作成です。これは、段取り力の全体を押さえる作業と似ています。

図表6-3のように、大枠の設定から詳細項目を網羅性をもってブレークダウンし、何をマニュアル、チェックリストにするかを決めていきます。

この際大切なことは、**マニュアルやチェックリストをつくり上げるプロセスに、できるだけ多くのメンバーに作成そのものに関与してもらい、仕組み化の意識付けをしてもらうことです。**いったんマニュアル、チェックリストなどの基準ができれば、それを改善していくことも可能になります。

一方で、チェックリスト、マニュアルには負の側面もあります。それは、いったんできると安心してしまい、関係する人が皆、思考停止となり、次は盲目的にやり続けるという状態になりかねないからです。

加えて、しばらくすると仕組み化した人が異動になり、それを仕組み化した背景や意味もわからなくなってしまうといったことも発生します。仕組み化しても、本当にそれは今の時代に合っているのか、今の競争環境や自社の環境に合っているのかなどを定期的に見直す必要があります。たとえば、こんな声を聞いたことがあります。

「当社は20年前から営業に関するデータベースを持っていて、ボタン1つでデータが出てきます。しかし、それは20年前に必要とされた切り口で、今の時代に合っているかどうかは疑問です。でも、誰も見直しをかけません。以前、上司にDBの見直しを進言したところ、データの継続性というひと言で蹴られました」

まさにこれなどは、仕組みがあるがゆえの思考停止です。このような状況にならないように、**「定期的な見直し」そのものを仕組み化することが大切です。**

グロービスでも、年に一度、時期を決めてすべての学則を見直し、必要に応じて修正などを加えています。

最後はIT化　　　　　　　　　　　COLUMN

仕組み化の最終段階はIT化することです。人間の手から離すことにより効率化を図る、ミスの発生を抑えるなどに主眼が置かれます。しかし、一般的にIT化しようとすると、多くの部署の人のリソースとコストがかかることになり、一筋縄ではいきません。

繰り返しになりますが、ここでもやはり何のためにIT化を行い、どんなミスをどの程度削減したいのか、どんなプロセスをどの程度効率化したいのかなどを明確に意識し、システム化に取り組んでいくことが重要です。

●個人的にできるIT化

まず、個人やチーム単位での週次の集計作業、帳票出力といったルーチンワークであれば、ご自身でIT化することを考えてみ

てもよいでしょう。勉強する必要があるかもしれませんが、あ
る程度単純な作業であれば、Excelのマクロなど、普段使って
いるソフトの標準機能で対応できることは意外と多いものです。
さらに、ちょっとしたプログラミングを覚えると、仕組み化で
きる幅はかなり広がります。

　また、「影響範囲も大きいので、プロジェクトを組んでIT化
しよう」となった場合も、業務に精通し、ITの話もわかる担当
者は希少性が高いので、このようなプロジェクトでは確実に重
宝されます。現在はインターネットなどを活用すると、プログ
ラミングをはじめとしたITの知識を大変手軽に学べるものがた
くさんあります。これを機会にITの知識や技術を身につけるこ
とも考えてみるとよいでしょう。

●本格的にIT化

　次に本格的にIT化する場合です。システム化を行うにあたっ
て、ITの担当者がリーダーシップを発揮してプロセスを進める
場合もあれば、現場の担当者が行う場合もあります。いずれも、
IT側は現場ほどには当該業務を理解していない場合が多いので、
現場の仕組み化力がシステム化の成否を決めると言っても過言
ではありません。

　IT化自体の専門性の高い部分はプロに任せることになります
が、仕組み化の重要性をあまり意識せずに、「とにかく困ってい
るのでつくってくれ」とIT部門や外注先に丸投げをしてつくっ
てもらった機能やツールが、1年後には誰も使わない、運用コ
ストだけがかかる不良資産になってしまった、ということはよ
くある話です。

　せっかく作るITシステムがこのようなことにならないよう、
仕組みそのものを見直すことから始めるようにしましょう。

推薦図書：
『段取り力──「うまくいく人」はここがちがう』齋藤孝著、ちくま文庫
『トヨタ 仕事の基本大全』㈱OJTソリューションズ著、KADOKAWA／中経
　　出版
『最少の時間と労力で最大の成果を出す「仕組み」仕事術』泉正人著、ディス
　　カバー・トゥエンティワン
『無印良品は、仕組みが9割』松井忠三著、角川書店

CHAPTER

1

2

3

4

5

6

CHAPTER **7** 7 Communication

8

9

10

SECTION

01
—
04

伝達する力

CHECK LIST

伝達する力　チェックリスト

本章を読み始める前に、チェックリストに○を付け、ご自身
の状況を確認してみてください。○が少ない方は、7章をじっ
くり読むことをお勧めします。

1　相手に何かを伝える時は、相手がどのような感情　CHECK
　　を抱くかを、常に考えるようにしている

2　相手に何かを伝える時は、最終的にその相手にど　CHECK
　　のような行動を取ってもらいたいかを、考えるよ
　　うにしている

3　伝える相手の立場について、理解しようとしてい　CHECK
　　る

4　伝える前に必ず頭の中で、伝えるステップについ　CHECK
　　てシミュレーションをしている

5　誰から伝えてもらうのが最も効果的か、考えるよ　CHECK
　　うにしている

6　端的にわかりやすく伝える努力をしている　　　　CHECK

7　相手に本当に伝わっているか、確認するようにし　CHECK
　　ている

8　伝わらなかった場合、基本的には自分の責任であ　CHECK
　　るという認識を持っている

目標を達成するためにはさまざまなことを同時並行で実行していく必要があり、その過程では、適切なコミュニケーションを取りながら、多くの人を巻き込んでいかなければなりません。7章では、チームリーダーやプロジェクトリーダーとしてメンバーを巻き込みながら、必要な施策を実行していくという場面を想定し、そのプロセスの中でもっとも大切な「伝達する」ということにフォーカスして考えていきます。

「伝える」という営みは、さまざまな定義やアプローチが考えられますが、本章ではわかりやすくするために、図表7-1の4つのプロセスに分けて考えていきます。

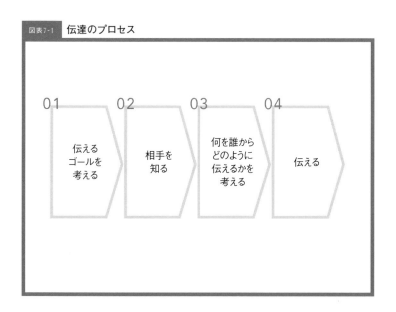

図表7-1　伝達のプロセス

SECTION

01

CHAPTER7_Communication

伝えるゴールを
考える

「伝えたつもりだった。でも受け手は聞いていないと言う」

　このようなことが日常のビジネスシーンでは、あちらこちらで見られます。そもそも「伝える」とはどのような状態を指すのでしょうか。

『BCG戦略リーダーシップ　経営者になる経営者を育てる』(菅野寛著、ダイヤモンド社) に書かれている言葉はその本質を示しています。

Said ≠ Heard

——こっちが言ったからといっても、聞いてもらえたわけではない

Heard ≠ Listened

——聞いてもらえたからといっても、聴いてもらえたわけではない

Listened ≠ Understood

——聴いてもらえたからといっても、理解してもらえたわけではない

Understood ≠ Agreed

——理解してもらえたからといっても、賛成してもらえたわけではない

154

> **Agreed ≠ Convinced**
> ——賛成してもらえたからといっても、腑に落ちて納得し
> て行動しようと思ってもらえたわけではない

　つまり、**伝えるというのは一方的に話したという伝え手側の事実
を指すのではなく、究極的には伝えたことに、受け手が心から納得
して、伝え手が期待していた行動を自ら取るという状態になって初
めて、伝わったと言えるわけです。**

　もちろん納得していようがしていまいが、伝え手が期待している
行動を受け手が取ってくれれば、いったんはそれで成功と言えるの
かもしれません。しかし、できれば心から納得してもらえるに越し
たことはないので、以下では、受け手側のゴールの状態を目に見え
る行動面と目に見えない感情面に分けて、意識すべき点について考
えてみたいと思います。

● 行動面のゴールを考える

　人間が何らかの状況に直面した際に取る行動は、おおよそ次の３
つに分かれます。

①協力する
②何もしない
③妨害する

　これらを意識した上で、人に何らかの期待をする時、目指すべき
ゴールはこの３つのどの状態なのか、ということから考えてみると
よいでしょう。当然ながら案件によって目指すべきゴールは異なる
はずです。
　たとえば「事前に聞いてなかった！」ということで後々妨害され

る可能性があるなら、まずは伝える、ということがゴールになるでしょう。公式には協力してもらうわけにはいかないが、何とか非公式に協力をお願いし、ある程度力を借りたいというようなこともあるでしょう。

まずはいきなり伝える前に、相手にどのような行動を取ってもらうことがゴールなのか、ということを自問自答し、そのゴールの状態をできるだけ具体的にイメージすることが重要です。

② 感情面のゴールを考える

人には感情があります。人が抱く感情は大きく幸福感、喜び、ワクワク感といったポジティブなものと、不安、恐れ、嫌悪感といったネガティブなものに分かれます。

人が何らかのコミュニケーションを受けた時、考えられる受け手側の感情は、おおよそ以下のように分かれるでしょう。

①ポジティブな感情を抱く
②何も感じない
③ネガティブな感情を抱く

自分が伝える相手に対しては、ポジティブな感情で、積極的に行動するようにしてもらいたい！と高いゴールを目指しがちですが、まずは冷静に伝える目的に立ち戻り、どのラインを目指すのかを相手の立場で考えましょう。

相手の立場、関心によってこのゴール設定自体が変わります。次項で述べますが、相手のことをよく知ることが重要なのは言うまでもありません。

③ 行動面×感情面でゴールを考える

①②をまとめたのが、図表7-2です。受け手の状態で考えると、

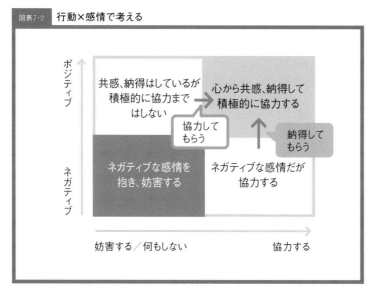

図表7-2　行動×感情で考える

右上の心から共感、納得して積極的に協力するというのが理想なのは言うまでもありませんが、そこまで行かなくても、まずは何らかの協力をしてもらえる状態であればよい時もありますし、場合によっては妨害されない、という状態がゴールであるということもあり得ます。

　それらを見きわめた上で、よりこうであればよいというところを目指すぐらいの心持ちで、「共感、納得はしているが、積極的に協力まではしない」、「ネガティブな感情だが協力する」という人がいた場合、何をすれば「心から共感、納得して積極的に協力する」という状態になってもらえるのか、というアプローチを考えるようにしましょう。

SECTION

02

CHAPTER7_Communication

相手を知る

　どのように相手に伝えるかを考える際に重要なことは、そもそも伝えようとしている相手がどのような人なのかを理解することです。相手の立場、動機、そして相手そのものに分けて考えてみましょう。

① 相手の立場を理解する

　伝える相手が同じ会社のメンバーであれば、同じ会社なのである程度の前提は理解してくれているだろうとか、協力してくれるだろうという期待を抱きがちです。しかし多くの場合、そういった勝手な期待は打ち砕かれます。まずは同じ会社でも、所属する組織の目的や個人のミッションによって相手の前提は異なる、ということを強く意識しましょう。

　まずは巻き込みたい相手の立場、具体的には部門、チーム、そしてそのミッションについて確認しましょう。相手にとって伝える内容が直接的にメリットのあるものなのか、ないものなのか、あるいはデメリットがあるものなのかを考えます。
　直接的なメリットがある場合は、その点についていかにわかりやすく話し、理解を求めるかということを集中して考えればよいですが、相手に直接的なメリットがない、あるいはデメリットがあるというような場合には特に注意が必要です。
　多くの場合、このあたりの事情を理解せずに、無邪気に何かを伝

え、想定外の反応が返ってくるということが起こっているのではないでしょうか。

　相手の立場を理解するためには、まずは公式の立場としての相手のポジション、そして所属する部門でどういったミッションを担い、そこでのあるべきスタンスはどうなのかということを確認しましょう。それによって、基本的なスタンスがネガティブなのかポジティブなのかということが予測できる場合があります。

　また、直接相手に言うべきなのか、相手の上長や部門長に事前にコミュニケーションを取ったほうがよいのか、というようなことも把握できるでしょう。

　もし相手の上長とコミュニケーションするということであれば、その上司はどのような人なのかも確認しましょう。本人は協力したいと思っていても、上長の理解が得られないケースも見受けられます。

　また非公式なものとして、社内の人間関係というものがあります。基本的には賛成のスタンスのはずでも、社内の人間関係やパワーバランスといった社内事情で、反対のスタンスを取るという場合もあります。

② 相手の動機を理解する

　相手を理解する上では、その人が主にどのような動機で動くタイプなのかを知ることが大切です。

　何かを伝え、Yesと反応してくれた時、その理由は人それぞれですが、次の要素に影響を受けている場合が多く見られます。

①自分の成長につながる
②自分の評価や報酬につながる
③人の役に立ちたい
④相手に良い人と思われたい

⑤好きなことをやりたい

　つまり、何かを伝える時には、これらのいずれかに訴えることが重要だということです。相手の動機を理解する、と言うのは簡単ですが、「ねえねえ、あなたの動機は？」とプロジェクトで初めて組んだ相手にいきなり聞けるものではありません。聞いたところで相手も信頼関係がない中で、本当のところを話してくれるとは限りません。

　まずはそのメンバーの上長や周辺のメンバーなどに「○○さんってどういう人ですか？」などと情報収集をすることから始めるとよいでしょう。

❸ 相手の特徴を知る

　相手の特徴についての理解も進めるようにしましょう。これについては6章の「関係者を理解し、配置する」の項をお読みください。

　こうした情報をある程度把握した上で伝えた結果、相手がどのような反応をしそうなのかを予測することが重要です。どの程度、内容を理解してもらえそうなのか、どのような感情を抱きそうなのか、共感してもらえそうかといったことを考えるのです。

SECTION

03

CHAPTER7_Communication

何を誰からどのように
伝えるかを考える

　取り組んでいる目標やプロジェクトによって、そして伝える相手、その目的、内容によってあるべき伝え方は異なります。ここでは何を、誰から、どのように伝えていけばよいのか、そのステップと方法を考えます。

① 伝えるステップを考える

　多くの人を巻き込み、目標を達成していくことができるリーダーは「伝える」ことに非常に長けています。こういった人たちに共通しているのは、伝える前に重要なポイントを押さえ、伝え方を設計しているという点です。

　伝え方の設計をする上で大切な要素は、何を、誰が、伝えるかという3点です。順に見ていきます。

［何を伝えるのか］

　最初に考えるのは、何を伝えるのか、ということです。

　ここで重要なことは、そもそもの目的を押さえ、それを達成するためには何を伝えればよいのか、ということを明確に描ける状態にしておかなければならないということです。

　特に多くの人を巻き込まなければならないようなプロジェクトにおいては、頭の中で考えているだけでは、うっかり忘れる、あるいは見落とすということをしがちですので、関係者の関係図を描きな

CHAPTER

1

2

3

4

5

6

7

8

9

10

伝達する力

161

がら、伝える相手がどのような立ち位置にあるのか、などを整理するとよいでしょう。

　そしてその上で、伝える中身については漏れがないよう、たとえば5W1Hなどのフレームワークを用いながら考えるようにしましょう。

- ●Why：　　なぜそれを実施するのか
- ●What：　　何を実施するのか
- ●Where：　どこで実施するのか
- ●Who：　　誰が実施するのか
- ●When：　　いつ実施するのか、いつまでに実施するのか
- ●How：　　どのように実施するのか

　さらに相手を説得する必要がある場合に大切なことは、なぜそれをする必要があるのか、という相手が抱くであろう疑問に対する答え＝メッセージの根拠を明確にしておくことです。

　このような場合には、図表7-3のようにメッセージを支える根拠を適切に揃えておくことが必須です。

　たとえば、プロジェクトで重要な役割を担う人が伝える相手であり、伝えたいメッセージは「自発的にプロジェクトを引っ張ってほしい。それについてリーダーの役割を期待している。一緒に頑張ろう」ということだとします。

　それを支えるロジックとしては、①プロジェクトのミッション、②その中での具体的な期待役割、そして③期待しているゴール、といった具合です。

　また、伝えたいことがたくさんあり、あれもこれも、となると、相手はどれが重要なことかわからなくなってしまい、結局、何も伝わらなかったという残念な結果に終わる場合があります。

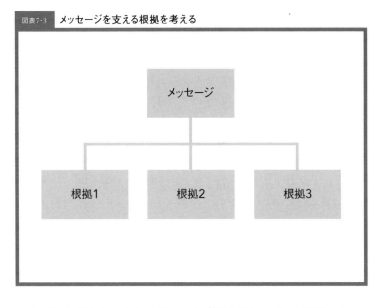

図表7-3　メッセージを支える根拠を考える

　まず最も伝えたいことは何か、を自分に問い、その本質にメインメッセージを絞り、伝えるということを意識しましょう。

[誰が伝えるのか]
　次に考えるのは、誰が伝えるか、ということです。誰が発したメッセージなのかは、時に非常に大きな意味を持ちます。
　自分よりも上のポジションの人や、あまり関係性が良いとは言えないような人を巻き込まなければならない場合などは、自分で伝えるより、他の誰かから伝えてもらったほうが効果が高いということもあります。
　すべてを自分でやるという前提に立つのでなく、全体にとって最も効果が高い方法という発想で、考えるべきです。
　また、自分自身が伝えるかどうかを悩んでいる場合には、自分自身が保有している「パワー」について考えてみるとよいでしょう。人を動かすためのパワーには、大きく分けて、ポジションパワー、

パーソナルパワーの２つがあります。

ポジションパワーというのは、地位や肩書そのもので、公式な権限でもあります。本人の納得性云々ということを無視してもよいのであれば、最終的にはこのパワーを使い強制的に人を動かすこともできます。パーソナルパワーというのは、その人自身が持つ人間的魅力やネットワーク、そして専門性などの力を言います。

まずは冷静に、自分がこれらのパワーを持っているのか、そして伝える相手を具体的にイメージしながら、その相手を動かすためには、どのようなパワーを利用するのが最も有効なのか、ということを考えるのです。

❷ いつ、どこで伝えるかを考える

事前に考えておくとよいのは、タイミング、場所、方法の３つです。それぞれについて確認していきます。

［タイミング］

伝えるタイミングは非常に重要です。何でもすぐに伝えるのがよいと思っている人がいますが、それは間違いです。たとえば伝える相手によって、ある程度内容が固まってから伝えるほうがよいのか、あるいは逆に内容を固める前にサウンディングするほうがよいのか異なります。

タイミングに関連して流れも大切です。一般的な組織であれば、まずは役職の高い人から下の人へという順を意識したほうが、「正式に聞く前に、周囲から情報が部長に漏れ、無駄に部長に反対された」といったくだらない落とし穴にはまることを避けることができるでしょう。

［場所］

伝える場所について意識される方は少ないと思いますが、場所の

選定は大切です。伝える内容によって、また、その目的によっては、たとえば緊張感がない社外でという選択肢もあるということを意識してみましょう。

社外というと夜、飲みに行って、とすぐに連想しがちですが、朝食、ランチ、あるいはある程度自由な会社であれば、軽く日中に社外でお茶、というのもあるかもしれません。

社内にしても、会議室でというだけではなく、社内のカフェや休憩室という選択肢もあるでしょう。会議室にしても窓がある開放的な部屋と、一面壁に覆われた部屋とではまったく心証が異なります。

あまり意識したことがないという方はあらためて考えてみてはいかがでしょうか。

［方法］

伝える方法を検討する際は、相手にとって最も効果的なことは何か、という点を中心に考えましょう。ここで考えるべきことは、大きく分けて以下の通りです。

● 手段：対話（直接、間接）、テレビ会議＆インターネット会議、電話、メール（文書を含む）
● シーン：個別に、複数の人に同時に

どういう方法がよいかはケースによって異なります。たとえばシーンで言うと、人によっては個別に話すより、大勢の前で話すほうが周囲のプレッシャーを利用できて効果的であるといったようなことがあります。

相手の特徴をイメージしながら、それぞれのメリット、デメリットについて考えを巡らせて、方法を決めるようにしましょう。

SECTION
04

CHAPTER7_Communication

伝える

　準備ができたらいよいよ「伝える」です。どのように伝えるか、については、「わかりやすく伝える」のひと言に尽きます。しかし、伝える相手は人間ですから、感情を持っていることを忘れてはいけません。

　内容によっては、相手に面白くない、聞きたくない、辛いなどといったネガティブな感情を抱かせることもあるでしょう。

　相手の立場に立ち、どこまで受け入れられる余裕がありそうかを見きわめ、必要であれば段階的に話すといった工夫も考えるようにしましょう。

　ここでは実際に伝える際に意識すべきことについて、確認していきたいと思います。

［堂々とわかりやすく伝える］

　メラビアンの法則というものがあります。これはアメリカの心理学者アルバート・メラビアンが、感情や態度について矛盾したメッセージが発せられた時の人の受け止め方を研究したものです。

　これによると相手に与える印象の影響の割合は、見た目などの視覚情報55％、口調などの聴覚情報38％、話の内容など言語情報7％ということです。限定的な実験ではありますが、ここから言えることは、人は、話の内容そのもの以外にも、相手の態度や口調、声のトーンといった言葉以外によるものからも判断するということです。

これは皆さんも日々経験されていることだと思います。

[短い言葉で伝える]

「○○で、だから××で、それで△△」で、というようにだらだらと話し続ける人がいます。日本語は最後まで聞かないと何が言いたいのかわからない場合も多く、これでは聞く側の集中力が持ちません。できるだけ短い言葉、短い文章に分けて伝えるようにしましょう。

[区切りながら伝える]

多くのことを伝えたい場合は、自分が話し、相手に理解を確認し、その上で次のテーマについて自分が話し、また相手に確認し、というようにいくつかに区切りながら伝えていくとよいでしょう。人間が一度に理解できることには限りがありますから、急がば回れで、確実に丁寧に1つずつ伝えるようにしましょう。

[具体的に伝え、確認する]

自分の頭の中と相手の頭の中は同じ、と自信を持って言えるまで、具体的に伝えるようにしましょう。あいまいさを残さないために、ビッグワードで片づけていないか、自分が使っている言葉が相手とぴったり定義が合っているか、と自問自答するのです。

伝えた後は、「念のために、どのように理解したか教えて」というように、相手に伝わっているか言語化し、確認するということも重要です。

[反応を見ながら、アプローチを変える]

事前に準備をしても、相手のことをよく知らない場合は、どのような反応をするか読み切れない場合があります。そのような場合は複数の伝え方の選択肢を用意しておきましょう。反応を見ながら、

相手の受容度を見きわめ、アプローチを変えるといった柔軟性も必要です。

［粘り強く繰り返し伝える］

　一度伝えたら伝えたことになる、と思ってはなりません。人間は忘れやすい生き物ですし、関心がないことであればなおさらです。粘り強く、繰り返し伝える覚悟を持ちましょう。

　以上、伝えるということについて見てきましたが、**コミュニケーションは受け手が決める、つまり伝わらないのはすべて自分の責任である、というマインドセットを持つことが何よりも重要です。**
　そしてその上で、適宜状況を把握し、相手に関心を持ち、伝え続けるしかないことを心に刻んで、良いコミュニケーションをするための努力を継続していただきたいと思います。

推薦図書：
『一瞬で大切なことを伝える技術』三谷宏治著、かんき出版

CHAPTER

1

2

3

4

5

6

7

8

9

10

CHAPTER 8

Self-management

SECTION

01
|
02

セルフマネジメント力

CHECK LIST

セルフマネジメント力　チェックリスト

本章を読み始める前に、チェックリストに○を付け、ご自身
の状況を確認してみてください。○が少ない方は、8章をじっ
くり読むことをお勧めします。

1　メンタル不調の人の増加が、社会問題になってい　CHECK
　　ることを理解している

2　ストレスチェックのテストなどを受けたことがあ　CHECK
　　る

3　自分のメンタル不調に対する対応方法を理解して　CHECK
　　いる

4　メンバーのメンタル面でのケアも、リーダーの仕　CHECK
　　事だと認識している

5　メンバーのメンタル面のケアの方法を理解してい　CHECK
　　る

6　今後の自身のキャリアを考えた、能力開発の方法　CHECK
　　を明確にイメージすることができる

7　組織の各ポジションで求められる能力要件を理解　CHECK
　　し、その役割を果たすための能力開発の方法を明
　　確にイメージすることができる

リーダーにとって、自分自身をコントロールし、常に自らを良い
コンディションに保ち続けることはきわめて重要です。「心・技・体」
の３つを良いバランスで維持することができて初めて、高いビジネ
スのパフォーマンスを実現できるからです。

３つの中で、特にメンタル不調に関しては、厚生労働省の統計に
よると、平成23年度に精神疾患により医療機関で治療を受けてい
る人は320万人に上っており、社会的な問題にもなっています。

8章では、肉体的な健康維持については、別の書籍に譲り、心の
マネジメントと、技のマネジメントの２つの側面から説明していき
ます。

SECTION
01

CHAPTER8_Self-management

心をマネジメントする

　近年さまざまなストレスから、メンタル不調になる人が急激に増えています。メンタルは一度コンディションを崩すと回復に時間がかかることから、**「未然に防ぐ」ことが重要だとされています。**

　しかし、正しい知識が十分に流布していないこともあり、その対応においてはさまざまな課題もあります。

　この章では、ビジネスリーダーがメンタルヘルスについて、何を理解し、どのように対応していけばよいのかが記された『ビジネススクールで教える　メンタルヘルスマネジメント入門』『職場のメンタルヘルス実践ガイド』(ともに佐藤隆著、ダイヤモンド社)の内容を参照しながら全体像を俯瞰していきます。

① 自分自身の心のコントロール

[自分を知る]

　メンタルに関して「自分を知る」という段階は非常に重要です。なぜなら、後述するストレスへの対応方法も、その時の状況により異なり、間違った対応をすると、かえって状況を悪くする可能性があるからです。

　たとえば、焦燥感のある方が、エクササイズをしにスポーツジムに行き、隣でトレーニングしている人にライバル意識を燃やして、やりすぎるなどといったことは適切な対応方法とは言えません。

　国も動いています。メンタルヘルス対策の充実・強化を目的とし

て、従業員数50人以上のすべての事業場にストレスチェックの実施を義務づける、通称ストレスチェック義務化法案が2014年6月に国会で可決・成立しました。

これを受け、さまざまな機関がストレスチェックのテストを開発し、ホームページを活用して手軽にできるものなども登場しています。

代表例は、厚生労働省の「5分でできる職場のストレスセルフチェック」です。（http://kokoro.mhlw.go.jp/check/）

自分は大丈夫、自分の組織は大丈夫といった過信が事態を悪化させることもあります。特に自分の心の状態がどうなっているか、人間ドックに入る感覚で、まずはチェックテストを受けてみるようにしましょう。

［適応する］

ストレスは人間が生きていく上で必然的に発生するものです。つまり、**ストレスがない状態を目指すのは現実的ではなく、大切なことはストレスといかに付き合っていくかという技術を習得すること**です。しかし、正しい対処方法に関する知識が十分に流布していないことなどから、図表8-1に示すような状況になっている場合が多く見られます。

メンタル不調への対応の仕方を大別すると、「何もしない」「自己流の解決」「医師による健康診断」の3つということになります。

医師による健康診断が基本ではありますが、過度にそこに依存しすぎているという現状があります。

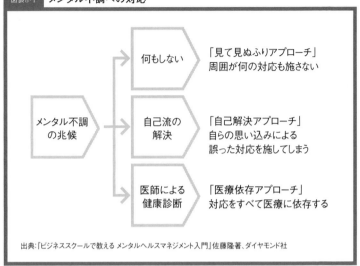

　一方で、より現実的かつ効果の上がる対応法として、適応アプローチというものが提案されています（図表8-2）。このモデルでは、ストレスの状態を個人の性格上の問題ということではなく、原因は当人と環境との関係性（相互作用）の中にあると考えます。

　たとえば、上司との軋轢というストレスを引き起こす原因があった時、すべての人が同じメンタル不調になるとは限りません。原因に対して適切な対応が取れる場合は、不調にはならず、適切な対応が取れない場合、不調になると考えるのです。

　そうすると、**大切なことは、原因を取り除いたり、対処能力を改善するということになります**。また、この考え方では、健康な人に対して日常から、積極的に、そして適切に働きかけることによりメンタル不調を予防するという効果も期待できます。

　メンタル不調者が出てから、「適応アプローチで対応するか、医療依存アプローチで対応すべきか」を考えるというのは、本来あるべき姿ではありません。日頃から適応アプローチで、未然防止に努

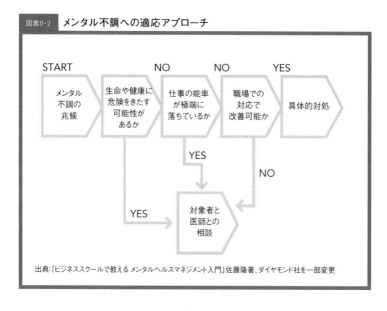

図表8-2　メンタル不調への適応アプローチ

出典:『ビジネススクールで教える メンタルヘルスマネジメント入門』佐藤隆著、ダイヤモンド社を一部変更

めて、それでも不調者が発生した場合にどうしていくかを考えるのです。

このストレスに対処するための具体的対処の方法を「コーピング」と言います。その代表的な中身を見ていきましょう（図表8-3）。

●リラクゼーション

ストレスは免疫力を低下させますから、何らかの方法で自らをリラックスさせる必要があります。代表的な方法は「腹式呼吸」です。

背筋を伸ばして、鼻からゆっくり息を吸い込み、丹田（おへその下）に空気を貯めていくイメージでおなかを膨らませます。その後、口からゆっくり、吸う時の倍くらいの時間をかけるつもりで息を吐き出します。お腹をへこましながら、体の中の悪いものをすべて出しきるようにするとよいでしょう。

そのほかに、アロマテラピーなども有効なリラクゼーションの方法として知られています。そうした中でカリフォルニア大学のブレ

スロー博士は、次の7つの方法の提案をしています。

①7～8時間の睡眠をとる
②朝食を摂る
③間食をしない
④理想体重から5％以内の体重を保つ
⑤適度にアルコールを摂取する
⑥禁煙する
⑦適度な運動を行う

　どれもこれも、言われてみると当たり前のようにも思えますが、しっかりと習慣化し、自らのストレスレベルのマネジメントをする意志を持つことがまずは大切です。

●コミュニケーションの改善

　相手に理解してもらえない、話が食い違う、など、コミュニケーションがうまくいかないことはストレスを生み出す大きな原因の1つとなります。

　わかりやすいコミュニケーション、誤解を生まないコミュニケーションを実現することは、コーピングとして身につけるべき技術の1つです。自分自身のストレスを下げるという、セルフケアの観点から、次のようなことが大切です。

　コミュニケーションの手段としては、伝わる情報量が圧倒的に大きいことを認識し、顔を見て話すことを最優先しましょう。会って話せない場合には、テレビ電話、電話の順番で考え、最終手段としてSNSやメールを使うとよいでしょう。

　話の内容をわかりやすくするために、ポイントを3つ程度にまとめ、頭の中を整理してから、会話をすることをクセにしましょう。

できるだけ「具体的な言葉を使う」、「事例を織り交ぜる」、「自分の前提を省略しない」ことに気をつけると、相手に理解されやすくなります。

よいコミュニケーションの実現は、永遠のテーマといってもよいほど深遠なものですから、焦らず、少しずつ改善をしていくようにしましょう。

● 人生の座標軸の設定

現在の仕事に興味が持てない、何をすればよいかわからない、その結果、意欲ややりがいを感じることができないといったことなども大きなストレスとなります。

このような場合、不満がどこにあるのかを、家族や友人、会社の仲間などと話し合いながら、人生の目標（プライオリティづけ）、仕事の意味の再確認（自分の仕事にはどんな意味があるのか、自分の会社はどのような価値を世の中に提供しているのか）、自身の価値観（自分は何を大切にしているのか、他人との比較に心を奪われていないか）などを明確にしていくことが大切になります。

● 認知行動療法

ストレスによる思考や感情の歪みにより、自動的に発生してしまう偏った考え方や行動を、合理的な考え方や行動に置き換える方法です。

まず、思考のクセ（すぐにレッテルを貼る、マイナスに考える、すぐに拡大解釈する、過小評価する、短絡的に考えるなど）を自分自身で理解し、それを変えるように努力します。

たとえば、次のように考え方を変えていくイメージです。

「明日は、苦手な上司への報告がある。また怒られるかもしれない」
→「今回はしっかり準備したし、やり方も工夫した。怒られたら、

今回は理由をしっかり聞いてみよう」

　いずれにしても、この方法は、少なくとも初期段階においては、治療を行う人とメンタル不調の人が共同作業を行うことになります。

● 食事の改善
　バランスのとれた食事を摂ることも、1つのコーピングの方法です。最近ではうつ病などの医学的解明が進む中で、脳内神経伝達物質を摂取することが大切であると言われています。膨大な数のストレス診断から、精神状態が良好な人の多くがしっかり朝食を摂っていることが明らかになっています。

図表8-3　**6つの性格分類とコーピング**

	定義	行き過ぎるとどうなるか	主なコーピング
生活習慣 危険傾向	暴飲暴食やカラオケなどの娯楽を手っ取り早いストレス解消法に使いたがるタイプ。	アルコール依存症 メタボ化	認知行動療法 リラクゼーション 食事の改善
消極傾向	問題から逃避し、閉じこもるタイプ。	無気力 人間関係の希薄化	認知行動療法
漂流傾向	人の意見に左右されがちで、迎合しがち。	意欲、生きがいがなくなり抑うつ的に	人生の座標軸の設定
焦燥傾向	なんでも早くやらないと気がすまないタイプ。	心臓への負担 高血圧	リラクゼーション
神経質 傾向	先行きを心配しがちなタイプ。	心身の消耗 無気力、心身の不調	認知行動療法 リラクゼーション
孤高傾向	人間関係に煩わしさを感じやすく、なんでも一人でやってしまうタイプ。	孤独からくる適応困難	認知行動療法 コミュニケーションの改善

出典:『ビジネススクールで教える メンタルヘルスマネジメント入門』佐藤隆著、ダイヤモンド社をもとに加筆・修正

● エクササイズ

エアロビクス運動、ジョギング、ウォーキング、階段登り、などの運動を定期的に行うことも、有効なコーピングとなります。ビジネスリーダーの中には、通勤時間などをうまく使い、軽度の運度を毎日行っている人も多くいます。筆者も週に2回程度は1時間ほどのウォーキングで汗を流し、リフレッシュに努めています。

以上、述べてきたコーピング方法と、カナダ・ストレス研究所の考えをベースにした6つの性格分類の適合性をマッピングすると、おおむね図表8-3のようになります。この図からも、自らの状況、タイプなどを理解し、適切なコーピングを行っていくことの重要性は明らかです。

② リーダーとしてメンバーをケアする

自己コントロールでマインド不調を防いだり、コーピングすることの重要性は今まで述べてきた通りですが、リーダーとしては、周囲の人、部下のメンタルをケアするということも非常に重要です。

[リーダーとして部下を理解する]

環境変化の激しい現在、ある程度の頻度でメンタル不調者が出るのは、やむをえないこととも言えます。

大切なことは、**深刻化する前に早期発見し、対策を打つことです。**一緒にいる時間の長さなどから、家族よりも会社の同僚や上司が異変に気がつく可能性が高いとも言われていますので、早期発見に関するリーダーの役割は非常に大きいものがあります。

リーダーとして、何に気をつけていくべきかについて見ていきましょう。

● 部下の正常を把握する

異変に気がつくということの前提は、「正常な状態を理解している」ということです。いつもと違うことに気がつくためには、勤怠の状況、能力、職場における人間関係、そのほか一般的な言動などを含め、メンバーの日常に関心を持ち、理解を深めておくことが不可欠です。

正常値を理解しているからこそ、遅刻が増えている、いつもできていることができなくなっている、人間関係のトラブルが目につく、などのことに気がつけるのです。

見るだけではわからないことは、実際に話をしたり、聴いてみたりします。具体的に「環境、やり方、プライベート」の順番で話を聴くとよいでしょう。この順番は非常に大切です。

まず、個人ではコントロールできない職場環境からストレスを受けている場合が多いため、そこで困っていることはないかを聴きます。

次は、やり方の問題です。やり方がわからない、人手が足りないなどのプロセスに課題を見つけることができれば、具体的な改善策を提示し、メンタル不調を未然に防止することに役立つ場合が多いのです。

最後はプライベートです。家族のことなどで心配ごとがある場合、強いストレスを誘発する可能性があります。いきなり「体調どう？」というようなプライベートに踏み込んだ質問は、危険性をはらんでいることを理解しておきましょう。

積極的にコミュニケーションを取るタイミングとしては、「長時間労働の時」、「異動後」、「人事考課後」がストレスを感じる可能性が高いという意味で重要です。

メンタル不調の際にはパフォーマンスが上がらず長時間労働にな

りがちであること、異動の際は環境が変わり、健康な人にも大きな影響を与える場合が多いこと、人事考課がビジネスパーソンに与える影響は常に大きいことがその理由です。

さらに、頭に入れておかなければならないことが、職場はある意味で競争の場であるということです。不調が続いたり、効率が下がっていれば、それが評価に影響を及ぼすと心配するのは人として当たり前です。そうなると、メンタル不調の人は症状を隠し、仕事を家に持ち帰り、症状を悪化させる方向に持って行ってしまうことがよくあります。

自分自身のセンサーを研ぎ澄ますことはもちろんのこと、普段からのメンバーとのコミュニケーションを円滑にして、さまざまな角度から情報が集まる状況を作ることが求められます。

● 状態の継続性に注目する

メンバーのメンタル不調を見きわめるために、良くない状況が継続しているかどうか、注意を払うとよいでしょう。

継続性とは、「1日の中で良くない状況が長時間続く」という意味と、「一定期間継続する」という2つの意味があります。

人間誰しも瞬間的に落ち込んだり、いつもと違う状態になることはありますが、継続性はなく、短い時間の間に回復を見せるものです。

「続いているか」という視点から部下の不調を見きわめ、適切な対応を促すようにしなければなりません。

● メンバーのイベントに気をつける

メンタル不調は、大きいイベントが引き金になって顕在化することがあります。これはネガティブなイベントだけではなく、昇格、異動、引っ越し、結婚なども原因になる場合があります。「きっか

けになりそうなイベント」の有無を知ることにより、異常に気がつくタイミングを早めることができるかもしれません。

● **実際にケアする**

　これまで述べてきたように、リーダーとして大切なことは「メンバーと向き合い、知ろうとする努力をすること。可能な限りメンバーのメンタルヘルスを向上させ、不調を防止すること」です。異常を感じた場合には、適切な対応をとっていかなければなりません。

１．通院を勧める

　就業規則に「安全と健康確保のために、必要に応じて健康診断や検査の受診を命じることができる」などの規則がある場合、このような記載を使いつつ伝えるとよいでしょう。

２．一緒に相談に行ってみることを切り出す

　自発的に通院しないような場合には、「一緒に相談に行こう」というような形で、寄り添いの度合いを高めることが重要です。

３．自傷他害などの傾向があるときは、人事、家族、専門家などに相談する

　自傷他害の傾向が見えている場合は緊急性を要します。安全確保が第一となりますから、迅速に専門家に相談しましょう。叱咤激励は逆効果を生む場合が多いので、注意が必要です。

　以上、心のマネジメントについて見てきましたが、まずは自分、そしてチームメンバーの状況に気を配りながら「未然に防ぐ」という意識を高めていただきたいと思います。

SECTION
02

CHAPTER8_Self-management

技をマネジメントする

　変化のスピードがきわめて速い現在、時代の要請、社会の要請は
もとより、キャリアデザインの観点などから、自分に必要な能力は
何かを考え、継続的に開発し続けることは重要であり、自らマネジ
メントすべき分野として大きな要素を占めます。

　ビジネスリーダーとして開発しなければならない能力については、
さまざまな考え方がありますが、ここでは

●能力の種類
●組織内の期待役割

という 2 つの軸で見ていきます。

① 能力の種類の視点から考える

　グロービスでは、激変する昨今の環境下で必要とされるリーダー
像を「創造と変革の志士」として定義しています。具体的には、

困難やチャンスに直面した時に、
自ら志を立て、
周囲を巻き込みながら
ことを成し遂げることができる人

という人材です。ここで言うリーダーとは、年齢やポジションに関係なく、ビジネス環境を見きわめ、スピーディーに意思決定を行い、事業を成功へと導く役割を担い、また周囲の人々が自然についていきたいと思うような人、のことを指します。

そのためにはどのような能力を具体的に備えている必要があるのかを示したものが、図表8-4です。

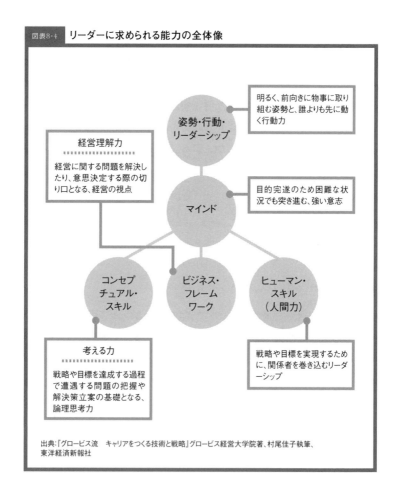

図表8-4 リーダーに求められる能力の全体像

出典：『グロービス流　キャリアをつくる技術と戦略』グロービス経営大学院著、村尾佳子執筆、東洋経済新報社

このモデルで、まず必要とされるのが「ビジネス・フレームワーク」、「コンセプチュアル・スキル」、「ヒューマン・スキル」の3つのスキルセットです。

［ビジネス・フレームワーク（経営理解力）］

1章では3Cについて説明しましたが、ビジネスに関する問題を発見、把握、解決するために必要とされる思考や分析の枠組みへの理解は非常に大切です。具体的には、ヒト（人材マネジメント、リーダーシップ）・モノ（マーケティング、経営戦略）・カネ（アカウンティング、ファイナンス）・情報（インターネット、社内システム、意思決定の方法）という4つの領域が基本となります。

一定の経営知識を身につけることで、面前で起こっていることを俯瞰し、多面的な打ち手を考えていくことが可能となります。不確実性の高いこれからの時代のビジネスパーソンには、どのような分野で仕事をするにしても不可欠な能力です。

［コンセプチュアル・スキル（考える力）］

このスキルは本書の姉妹書である『27歳からのMBA　グロービス流ビジネス基礎力10』でも議論しました。

コンセプチュアル・スキルは「事実をもとに何をすべきかを考え、わかりやすく伝える能力」とも言えます。知りうる情報や知識に基づいて状況を分析して構造化し、問題の本質を明らかにした上で最善の解決策を導き出す能力です。

資質としては、状況把握・分析力、問題発見能力、解決策立案能力、意思決定力、論理的思考力、創造的思考力などが挙げられます。先に述べた経営の知識の基本は、しっかりと学べば多くの人が理解可能なものです。

これだけインターネットが普及し、経営に関する書籍も多数存在している世界では、知っているか否かでは差がつかなくなってきて

います。

　頭に入れた理論、情報、データなどを駆使して、環境変化の方向性を自らの頭でしっかり考え、他社よりも先んじて対応するための新しいアイディアを生み出す能力こそが重要になっているのです。

［ヒューマン・スキル（人間力）］

　人間力に関してはさまざまな定義ができますが、ここでは「人を巻き込み引っ張る力」とします。組織で解決策を実行するために必要とされる、非定型的な対人関係能力で、リーダーシップ、強い情熱、意欲、部下の育成能力、人間的魅力、信用、人望、説得力、交渉力などがあります。

　多くの経営者が教養、リベラルアーツの重要性を説きますが、最終的には歴史や哲学、宗教などのさまざまな知識、そしてそれらに基づく自らの思考、仕事などを通じた経験によって自分独自の軸となるものが確立し、人間力と呼ばれるものに昇華されていきます。

［マインド］

　自らが掲げた目的を完遂するためには、困難な状況でも突き進む強い意志が必要です。特に新しいことにチャレンジしたり、既存の枠組みを変えたりする場合には、さまざまな困難が待ち受けているでしょう。

　心の強さというと精神論のようにも聞こえますが、**少しずつ、チャレンジのハードルを上げることにより心の強さも鍛えることができます**。

　マインド不調になってしまっては元も子もありませんが、徐々に負荷を上げ、自らのマインドセットの強化を図りたいものです。

［姿勢・行動・リーダーシップ］

　やりたいこと、自分の志を実現していくためには、明るく、前向

きに物事に取り組む姿勢が大切です。多くのビジネスリーダーは「エネルギッシュであること」、「明るいこと」、「ネガティブな言葉を使わないこと」などの共通点を持っています。

持って生まれた性格だから仕方がないと思う人もいるかもしれませんが、多くのリーダーが自らを律し、努力によりリーダーシップを作り上げていっています。実際にビジネススクールなどでも盛んにリーダーシップのクラスを展開していますが、まさにリーダーシップはトレーニングで開発可能である、という考えに基づいています。

このように、5つの能力分野に分けて、ビジネスリーダーに必要な能力を俯瞰し、自分に最も不足している部分や、自分の強みを理解し、次の能力開発の目標設定をすることをお勧めします。

② 組織内の期待役割の視点から考える

次に、能力の種別という切り口だと、自分の能力開発課題が見出しにくい方のために、組織内の役割（マネジメントレベル）ごとに詳細にそれぞれの求められる能力を確認していきましょう。

近年、組織がフラット化しているという話がありますが、組織は図表8-5に示すようにある程度ピラミッド型の構造をしている場合が多いと思います。ピラミッド型の組織構造においては、各レイヤーに対する期待値や役割があり、それにしたがって動いているはずです。

そうなると、その組織内での期待値を考えながら、自らのスキル開発をしていく視点も非常に重要になります。

［担当者レベル］

多くの方が、「担当者」というステータスから仕事を始めることになりますが、このレベルでまず大切な能力は、なんといってもコミュニケーション能力です。企業が新入社員に求める能力の中でも、

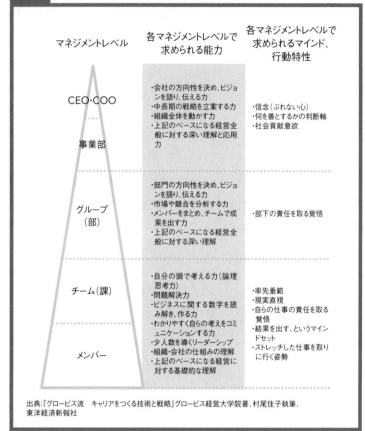

図表8-5 マネジメントレベルとそこで必要とされる能力

出典:『グロービス流 キャリアをつくる技術と戦略』グロービス経営大学院著、村尾佳子執筆、東洋経済新報社

コミュニケーション力は常に上位にランキングされることからも、その重要性は明らかです。

具体的にコミュニケーション能力を以下のように分解して考えてみましょう。

● 自分の言いたいことをしっかり話し、書くことができる力（伝える力、表現する力）

● 相手の言うこと、書いていることをしっかり聞き、読み、理解
する力（聞く力、理解する力）

　これまでに、人から「あなたの言っていることはわかりにくい」
というニュアンスのことを言われた方も少なからずいるのではない
でしょうか。そのような方の多くは、思いつくまま、考えつくまま
に整理をしないで発言をしてしまうので、相手にわかりにくいとい
う印象を与えてしまうのです。

　会議などで配られる資料を理解するのに時間がかかり、発言する
タイミングを逸してしまうといった方もいるでしょう。そういう方
は、短時間で全体構造をつかむのではなく、頭から詳細に資料を読
み込むクセがついているために、細部に入りすぎる傾向が強いので
す。

　世代の違う層とのコミュニケーションが苦手という話もよく耳に
します。この場合、相手のバックグラウンドや背負っているものを
想像する力が弱い場合が多いように思います。

　くわしいことは専門書に譲るとして、円滑なコミュニケーション
を実現するためには、

● 前提を疑う力
● 素早く全体を見渡し、頭の中を整理・統合する力
● 物事をしっかり分解して考える力

　である論理思考力や、

● 身の回りのビジネスを数字的に分析するまたは表現する力

　を鍛えることが不可欠になります。

［チームリーダー］

　会社の規模にもよりますが、入社して数年のうちには、小規模ながら小さいチームのリーダーを任される、またはあるプロジェクトのリーダーを任されるといった機会も出てくるでしょう。担当者レベルで仕事をするのに加えて、メンバーを率いるためのリーダーシップ、小さいながらも組織を管理する力、プロジェクトの収益管理力などが求められます。

　あなたについてくる人が一人でもいるなら、名刺の肩書は何であれ、その瞬間からあなたはリーダーです。当然、その人の力を生かすためのリーダーシップが求められ、成果もあなた一人が出すのではなく、チームで出す成果が問われるようになります。この変化は非常に大きいことです。

　トップ営業だった人がチームを持った瞬間に今1つパフォーマンスが出せなくなる、という話がよくあります。

　個人としての能力が高いほど、自分でやることに慣れていて、なかなか人の力を借りられない、任せられないのです。これでは、１＋１＝２どころか、下手をすると、２以下になってしまう場合も少なくないでしょう。

　自分なりのリーダーシップの発揮の仕方を考えるのが、この時期であると言えます。

　リーダーシップの開発は、立場により、仕事の種類により、状況に応じて変化させていくべき部分もあるため、永遠の課題であり終着点はありませんが、できるだけ早い時期からの能力開発が結局は功を奏するのです。

［グループリーダー］

　グループリーダーレベルになると、「組織」を持つことになります。名実ともに、リーダー、マネージャーです。このレベルになると期間限定のプロジェクトチームなどではなく、会社の組織図に描かれ

た定常的組織の責任を負うことになります。

　事業の戦略を、数字を絡めて考える力、その戦略をメンバーに実行させる力などが重要になってきます。

　加えて、メンバーの人事評価、労務管理、関連部署との調整なども増えてくるでしょう。経営の三要素であるヒト、モノ、カネに加えて情報の管理能力が問われるのです。

　自分がやりたい仕事と、管理的な仕事、リーダーとしての仕事のバランスを取るのが難しくなるのも、この時期です。

　仕事に対するマンネリ感が出たり、上下に挟まれ仕事が面白くなくなったり、結婚、子育て、両親の健康問題など、さまざまな課題が表出し、能力開発に割く時間などが取りにくくなるのもこの時期でしょう。

［部長・事業部長］

　ある程度の規模の事業の収益責任を持つというのがこのレベルです。部長になれば全社最適の視点も当然要求されるようになりますから、「自分は携わったことがないから、わからない」では済まされなくなります。

　すべてのビジネス領域のプロになることは不可能でも、その筋の専門家との議論ができる程度の知識や知見が求められます。

　これまで多くの日本企業は、当該分野で優れた実績を上げた人を、マネージャー、リーダーの資質や能力とは無関係に昇格させるといったことが多くありました。

　その結果、本来そのポジションであれば持っているべき力がないままに、多くの人に指示を出すポジションとなり、失敗する例が散見されました。

　先に述べたヒト、モノ、カネ、情報に関する力を実践でフル活用できる状況を作らなければなりません。

　ビジネスは小さい領域でも、さまざまな要素が絡んできます。そ

うなると、総合的に経営を理解しているということが非常に重要になります。

　また、人は物事を考える際、得意なスパンがあるように思います。明日、明後日のことを考え、短期の成果を上げるのが得意な人もいれば、目先のことはあまり得意ではないが、数年先の絵を描くのは得意といった人もいます。

　一般的に言えば、目の前の仕事でしっかり成果を出した人が会社のポジションも上がっていくという傾向がありますので、将来のことを考えるのが得意な人は相対的に少ない、というのが多くの企業に当てはまることだと思います。

　それゆえに、このレベルになると将来を見通す力、将来を構想する力なども重要になってきます。

［役員］

　いよいよ経営者です。経営者として責任のある立場で仕事をしたいというのは素晴らしいことだと思いますが、本来であれば今まで述べてきたようなさまざまな力を積み重ねて初めてなれるのが役員・経営者であることはご理解いただけるでしょう。

　会社の運営に対する大きな責任を持つ役員には当然、いろいろな能力が求められます。ヒト、モノ、カネ、情報など経営の要素に加え、社外との交渉力、ネットワークを構築する力、そして多くの人を巻き込んでいくための人間力の重要性も急速に高まっていきます。

　最後に、会社の特性もしくは文脈依存性が高いスキルの習得について触れておきましょう。これは、社内の力学、人と人とのつながり、個社独自の風習、価値観などを習得していくということです。

　この手の話を若い方とすると、意味がない、どろどろした話は嫌い、日本的ですね、といった発言に多く出会います。

しかし、ビジネスはいつの時代も、感情の生き物である人間が営んでいるものであることを忘れてはなりません。

このような話は決して日本企業に限った話ではありません。**規模の大きいグローバル企業になればなるほど、人脈をどれほど持っているかが、大きなことを社内で実行していくためには不可欠な力になるのです。**

ある企業の中で実績を上げるためには、このような能力を磨くことは非常に大切です。一方で、会社依存性の高いスキルは、その会社でしか通用しないことも肝に銘じ、この種の能力開発にのみに邁進しないでいただきたいと思います。

③ 能力の獲得方法について考える

どんな能力を開発すればよいかが見えたら、次はタイミングについて考えましょう。部長になったから部長に必要な力をつける、役員になったから役員に必要な力をつけるというのでは決定的に遅いのです。

また、準備のできている人にしかそのような機会は巡ってこないということからすれば、そもそもこういうタイプの人はしかるべきポジションにつけない可能性のほうが大きくなってしまいます。

自分は何年後にどんな役回りで仕事をしていたいのかというイメージを持ち、常にそこで必要とされる能力のイメージを持つことが大切です。

先に書いた能力開発の三角形を思い出してください。数年後に一段上に上がるイメージで、今から学んでその役職になる前に練習を積む、そんな時間感覚を持つことが重要です。

特に、ビジネスの実践以外の学習で身につけたことは、実践に生かすために、ある程度の場数を踏む必要があります。

加えて、必要な能力はどうしたら身につけることができるかという方法論と、その能力を獲得するのに必要な時間を理解・想定する

ことです。

　いつかは役員になりたいといった漠然としたイメージを語るのではなく、できるだけ具体化していくのです。10年後、20年後のイメージが描けなかったとしても、自分ができる範囲でできるだけ長期のイメージを持つことが大切です。

　特に、何年後に、どういうポジション（国内あるいは国外でなども）で仕事をしていたいかを想定するのは大切です。そういった具体的な目標がないと能力獲得のモチベーションは上がらないでしょう。

　どの会社で、どのようなポジションで、どのような仕事をしているかは、偶然の要素により決まる部分もありますが、**できるだけ具体的なイメージを持ちつつ能力開発に励むことの重要性は、強調しても、しすぎることはないと思います。**

　以上、技のマネジメントについて見てきましたが、常に現在の自分の実力を振り返りながら、将来必要とされる能力開発にどん欲に取り組んでいただきたいと思います。

推薦図書：
『ビジネススクールで教える　メンタルヘルスマネジメント入門』佐藤隆著、
　　グロービス経営研究所監修、ダイヤモンド社
『職場のメンタルヘルス実践ガイド』佐藤隆著、グロービス経営大学院監修、
　　ダイヤモンド社
『グロービス流　キャリアをつくる技術と戦略』グロービス経営大学院著、村
　　尾佳子執筆、東洋経済新報社

CHAPTER

1

2

3

4

5

6

7

8

CHAPTER 9

9

Habituation

10

SECTION

01

|

04

習慣づける力

CHECK LIST

習慣づける力　チェックリスト

本章を読み始める前に、チェックリストに○を付け、ご自身の状況を確認してみてください。○が少ない方は、9章をじっくり読むことをお勧めします。

1　やると決めたことは、必ずやりきる自信がある　　CHECK

2　何かを始める時、常にゴールイメージを具体的に　CHECK
　　持つようにしている

3　10年後、自分がどのように毎日を過ごしていたい　CHECK
　　のか、具体的に語ることができる

4　挫折してしまう時の自分のパターンとその原因を　CHECK
　　自覚している

5　得意なことと不得意なことを理解している　　　　CHECK

6　一度立てた計画は、確実に実行できる自信がある　CHECK

7　自分自身のモチベーションを上げる術を知ってい　CHECK
　　る

8　自分なりの習慣を身につけるための方法を持って　CHECK
　　いる

スポーツジム通い、英語や資格の勉強などで、「今回こそは必ず続けるぞ」とやる気満々で始めたのに、計画通りにできたのは3日ぐらいで、いつの間にか止めてしまっていたという人は多いのではないでしょうか。

　能力開発の基本は「反復」であり、日々の積み重ね、つまり継続することが最も大切なことであることは言うまでもありません。

　9章では、「どうすれば習慣が根づき、三日坊主にならないか」について見ていきます。ご自身の経験を思い出しながら、なぜ続かなかったのかを振り返り、今度こそ続ける力を手に入れていただきたいと思います。

　続ける力を持つ人に共通している要素を抽出すると、図表9-1に示すように必要性を自覚する、正しい理解をする、正しいやり方をする、習慣化するという4つのステップが見えてきます。

　そして、それぞれのステップについて、何らかの方法を持ち、同

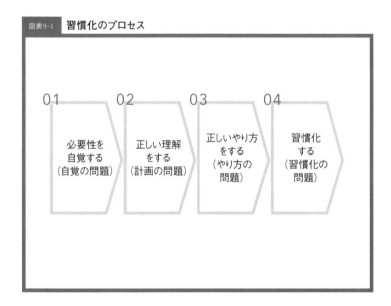

図表9-1　習慣化のプロセス

01 必要性を自覚する（自覚の問題）
02 正しい理解をする（計画の問題）
03 正しいやり方をする（やり方の問題）
04 習慣化する（習慣化の問題）

時に独自の工夫をしている場合が多いのです。逆に続けることができない人は、このステップのどこかに課題があります。

　順を追ってそれぞれの特徴と各ステップで意識すべき点について見ていきましょう。

CHAPTER9_Habituation

SECTION

01

必要性を自覚する

　気合いを入れて始めてみたものの、継続できなかったことをいくつか思い出してみてください。継続しなければ絶対に困る！という強い思いがなかった、あるいは、絶対的にそれをやることが自分にとって重要かつ必要であるという確信がなかった、のいずれかのパターンが多いのではないでしょうか。

　一方で何かの出来事がきっかけで絶対的に追い詰められるといった状況、いわゆる「お尻に火がついた」やらざるをえない状況になれば、頑張ることができるというのも人間です。

　そこまでの状況に追い込まれなくてもできるよう、まずは自らその動機を強くするということについて考えてみます。

1 なぜそれが自分にとって重要かを意識する

　私たちは技術の進化、グローバリゼーションの進展などに伴い、さまざまな環境が激変する時代に生きています。このような環境下で自分が望む人生を生きていくためには、能動的に情報を得て、考え、能力開発をし、自身のやりたいことをするために行動する、という姿勢が求められます。それは同時に少し先のことを考えながら、自らチャンスをつかみ取るといった行動をする人とそうでない人の差が激しくなっていく、ということを意味します。

　セミナーなどでこのような話をすると、聞く人の反応は大きく2つに分かれます。「自分はこういうことがしたいから、こういう能

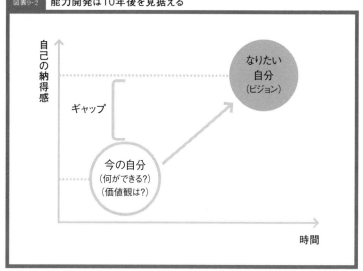

図表9-2 能力開発は10年後を見据える

力開発をして、こういうチャンスをつかみたい！」と捉える人と、「厳しい時代だから、生き残れるように何かしないと」と漠然とした不安を抱く人です。

どちらの動機でも強く抱けば、継続する力の大きな源泉となります。いずれのアプローチにせよ、じっくりと自身と向き合い、思考を深め、自覚的に高めていくしかありません。ビジネスに関することであれば、外部環境、特に10年後ぐらいの社会をイメージしながら、自分はどうしたいのか、何ができるのか、を問い続けるということです。

その上で、自分に何が足りないかということを考え、必要な能力開発をする、ということが重要です。

❷ 自分の思いを高める

4章で「三人のレンガ積み」の話がありましたが、皆さんは「ご自身の仕事の意味合い」をどのぐらい語れるでしょうか。実はあま

り考えたことがないという方も多いかもしれません。

　ぜひ一度、「自分の仕事は○○のために××の価値を出す仕事です」、というような文脈で考えてみてください。その中で自分の価値観や仕事にかける想いといったようなものを確認できるはずです。

　仕事だけではなく、自分の所属する会社や事業部の社会の中での価値について考えてみることも有効です。自覚的にそういった思いを強くすることが、能力開発へのモチベーションを高めることにもつながります。

③ やらなければどうなるかを意識する

　思いが高まらない場合は、まずはいったんホラーストーリー的アプローチをすることが有効な場合もあります。ホラーストーリー的アプローチとは、「〜しなかったらどうなるか？」という最悪シナリオを想像し、そうなりたくない、という思いをバネに強い動機にしていくというものです。

図表9-3　**時間管理マトリクス**

	緊急	緊急でない
重要	**第一領域** ・締め切りのある仕事 ・クレーム処理 ・せっぱつまった問題 ・病気や事故 ・危機や災害　など	**第二領域** ・人間関係づくり ・健康維持 ・準備や計画 ・エンパワーメント ・勉強や自己啓発　など
重要でない	**第三領域** ・突然の訪問 ・多くの電話 ・多くの会議や報告書 ・無意味な接待や付き合い ・雑事　など	**第四領域** ・暇つぶし　・単なる遊び ・テレビやネットサーフィン ・待ち時間 ・その他の意味のない活動 など

出典：『7つの習慣——成功には原則があった』スティーブン・R・コヴィー著、ジェームス・スキナー、川西茂訳、キングベアー出版をもとに加筆・修正

『7つの習慣』（スティーブン・R・コヴィー著、キングベアー出版）の時間管理マトリクス（図表9-3）をご存じの方も多いと思いますが、私たちは日常的に緊急性の高いものに反応し、ここに出てくる第二領域の「緊急ではないが、重要なこと」にはなかなか意識が向きません。

　今まで継続できなかった何かがこの中に入っている場合は、まさにこれに陥っていると言えます。

SECTION
02

CHAPTER9_Habituation

正しい理解をする

　自分がやろうとしていることが、必要かつ重要であるという認識が高まったら、どのように計画を立て、達成していくか、どのようなやり方がよいのかを考えていきます。

　どのような方法がよいかは、人によってさまざまです。人によって性格や価値観、ライフスタイルやかけることができる時間などはそれぞれだからです。まずは、やろうとしていることの全体像を把握すると同時に、自分に合うやり方を検討しましょう。

　このプロセスを飛ばして、いきなり行き当たりばったりで計画を立てて始めてしまう人が多いですが、大切なのは「自分自身に対する理解」と「やろうとしていることそのものへの理解」です。

① 自分自身を知る

　最終的には自分に合った続けられる方法を探し出すことが重要ですが、そのためには、まずは自分自身を知らなければ始まりません。

［うまくいかなかったパターンから、クセを抽出する］

　まずは過去に「やるぞ！」と強く思い、やり始めたにもかかわらず、途中で挫折した経験を思い出してみましょう。英会話、ジム、掃除、資格の勉強、読書、スポーツ、その他の学習経験など何でも構いません。

　できれば3つ程度思い出し、それぞれについて以下のことを思い

出してみてください。

● 続いた期間
● 準備（計画）にかけた時間
● 続かなかった理由

　特に続かなかった理由については、深く考えてみてください。するとその原因は次のいずれかに当てはまるのではないでしょうか。

①そもそもの必要性を強く信じることができていなかった
　　→自覚の問題
②負荷がかかりすぎて、環境が変わり、続けることができなかった
　　→計画の問題、やり方の問題
③なぜだかはっきりしないが、習慣化することができなかった
　　→習慣化する方法の問題

　これらすべてのプロセスに問題がある人もいれば、どこか一部に課題がある人などさまざまです。**自分のパターンを特定し、その理由を掘り下げることによって、どのようにすればよいかが見えやすくなります。**

［自分の弱さを認める］

　過去の失敗パターンと向き合う中で、特に認識しなければならないことは自分の弱さです。そもそも人間というのは弱いもので、よほど強い意志を持っていなければついつい流されてしまうものです。
　まず人間は基本的に弱い、ということを認め、それを克服するためにはどうするか、あるいは弱さをカバーできる仕組みをどうやってつくれるかということを考えるのです。
　筆者は、ジムでパーソナルトレーナーをつけ、キャンセルすると

チャージがかかってしまうような仕組みを取り入れています。自分の意志が弱く、一人ではできないということを認識しているため、このようなアプローチをとるのです。

［自分の可能性を信じる］

　自分の弱さを認めることが重要と述べましたが、本当に自分の弱さを認め、受け止めていくためには、同時に自分はできる、あるいは変わっていくことができるという自分の可能性を信じることも重要です。自分が過去にチャレンジし、成功した経験を思い出しながら、努力すれば、自分の可能性はどこまでもあるという肯定的側面にもしっかりと目を向けましょう。

② やろうとしていることへの正しい理解をする

　強い思いがあったとしても、比較的早い段階で挫折してしまったということもあるでしょう。このケースの原因は、計画に無理があった、というものが多いようです。

　4章で少し触れましたが、時間軸を短く取り、いきなり大きな目標を目指さず、細かく刻みながらステップを踏んでいくということを前提に、大切なことについて見ていきます。

［全体像を把握する］

　最初に全体像を把握することが大切です。

　たとえば新しく配属された部署の仕事に必要な本を読むという目標を掲げたとします。そもそもどのような書籍を読むべきなのか、仕事で自分が目標としているアウトプットを出そうとすればどのくらいの量を読むべきなのか、どのように書籍を読むのが最も効果的なのかなど、事前に考えておくべき点はたくさんあります。

　読書であれば、読書術といった書籍が多数出ていますし、あるいは尊敬する先輩や上司に聞いてみるなど、いろいろな方法があるは

ずです。まずはやろうとしていることの全体像を、急がば回れの精神で把握する努力をしましょう。

[時間の見積りを丁寧に行う]

　毎日10分間〜をする、というような単純な目標が1つだけある場合は問題にはなりませんが、複数の目標がある時は、1つひとつにかける時間の見積りは非常に重要です。

　いい加減な計画を立て、いきなり初日から倍の時間がかかった、というだけでやる気を失うことがありますので、丁寧に時間を見積りましょう。

[いきなり全力の計画を立てない]

　よくあるパターンは、最初のやる気で満ち溢れた時にかなり高い目標を立ててしまい、最初の1週間で、想定外の出来事が起こった瞬間に計画が狂って翌日からやる気がなくなり、やめてしまうというものです。

　最初は時間がかかっても、コツをつかんだり、慣れるにしたがって、徐々に効率化していくという「経験曲線」という概念がありますので、最初は少しずつ、そして慣れてきたら徐々に負荷をかけていくというような計画の立て方をしましょう。

[計画にバッファを設ける]

　いくら綿密に計画を立てていても、予想外の出来事は必ず起こるものです。

　余裕のない計画は、人を精神的に追い詰めますので、たとえば実際に何かをするのは週5日を基本とし、できなかった場合は残り2日で調整するというようなバッファを設けておくとよいでしょう。

［短期、中期、長期と分けて計画を立てる］

　計画は図表9-4のように短期、中期、長期とステップを踏むイメージで立てましょう。長期の計画だけではあまりにも大雑把すぎて、そのうち、「今日できなくても明日やればいい」となり、気づけば忘れていたということになりかねません。

　たとえば「毎日10分間する」といった短期の計画だけでは、最初のうちはやっていけるかもしれませんが、ほかに緊急度の高いインパクトがある何かが発生した時に、後回しになってしまう確率が高いのです。

　達成までの計画期間にもよりますが、短期（毎日〜1週間）、中期（1〜3カ月）、長期（3カ月〜1年間）といった具合に、ステップを刻むイメージで具体的に計画しておくとよいでしょう。

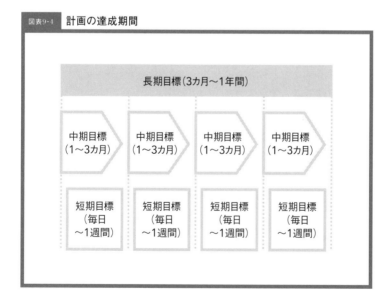

図表9-4　計画の達成期間

SECTION

03

CHAPTER9_Habituation

正しいやり方をする

　計画を立てたら、次は正しいやり方をすることが重要です。**正しいやり方は、人によって異なりますから、それぞれのクセに合ったやり方を試行錯誤して見つけていって下さい。**

① 正しく取り組む

［スモールウィンから始める］

　最初は、自分の中で「できる」という自信を積み重ねていくことが重要です。あれもこれもと欲張らずに、まずは思い切って重要なことに絞り、確実にできる範囲から始めましょう。

　小さい成功（スモールウィン）を積むことができれば、モチベーションを上げることができますし、その後、徐々に自分のペースで広げていけばよいでしょう。

［最初の１週間でレビューする］

　実際、やってみないと自分にかかる負荷が精神的にも肉体的にもどのくらいなのかが理解できないため、最初の１週間はトライアルの感覚で、仮計画に沿って一度実行してみる、というぐらいで始めるとよいでしょう。その上で全体のペースを再調整し、本計画をつくるのです。

［やりやすい環境をつくる］

　人はプレッシャーを感じている状況下では、放っておくと気分的にどんどん億劫になっていくものです。それが特に苦手意識があることならばなおさらです。

　最も精神的なハードルが高いのは、始める、という行動を起こす時です。もともと億劫な上に、それを始める時にさらに必要な準備があれば、それだけで面倒くさいと感じてしまい、やる気をなくしてしまうものです。

　たとえば、勉強しよう！と机の前に向かおうとしたら、机の上が散らかっていた、という状況だけで、今日は止めておこうとなってしまうのです。となると、常に机の上を整えておくことが重要になります。このように少しでも行動を起こしやすくする環境を、意識的につくることも大切です。

　集中力がなく、すぐにスマートフォンを触ってしまったり、パソコンでネットサーフィンをしてしまったり、テレビをつけてしまったり、というような経験をした人も多いでしょう。

　阻害要因が明確ならば、それらを手の届かないところに置くなど、その時だけでもなるべく、環境から排除するようにするとよいでしょう。

② 正しく向き合う

［一歩踏み出すことが何よりも重要］

　やるべきだということが頭ではわかっていても、それが緊急性のないことであれば、なかなか最初の一歩が踏み出せないものです。それが何かの犠牲を伴うことであれば、なおのことです。こんな時に勇気づけてくれる話があります。

　毎年、サハラ砂漠で行われる地球上でもっとも過酷なレースと言われるサハラマラソンの話です。皆さんは、灼熱の砂漠を１週間かけて約230キロも走るマラソンで、完走率はどれぐらいだと思いま

すか。驚くことに９割を超えているそうです。しかし、そのマラソンにエントリーしている人は当日の参加者のほぼ倍だとか。意志を持ってスタート地点に立ちさえすれば、９割が完走できるということなのです。

このエピソードから、まずはスタート地点に立つことの重要性を感じることができるのではないでしょうか。

［あと少しだ、できる、と思い続ける］

慣れないうちは、少しの負荷でもダメージは大きいものです。「あと少し」という言葉を口に出してみると、意外とその気分になってくるものです。自分をだます勢いで意識してみるとよいでしょう。もしも不安になったら、「自分はできる」と自己暗示をかけていくことも重要です。

［他人と比較しない］

人それぞれの目標、人それぞれのスタート地点、人それぞれの方法があります。過度に他人を意識し、比較しないようにしましょう。

時と場合によっては、その存在を意識することで、より頑張れる源泉になることもありますが、特にスタートの段階においては、まずは自分のペースを確立することに集中しましょう。

SECTION
04

CHAPTER9_Habituation

習慣化する

　無事スタートができたら、いよいよそれを習慣化できるかが勝負です。できれば毎日の歯磨きのように自然に生活の一部になるまでいけば、素晴らしいことです。

　習慣にできるかどうかに必要な期間は一般的に20 〜 30日程度と言われています。それが真実かどうかはともかく、最初の1週間ぐらいはかなり意識しないとできなかったことが、時間が経過すると徐々にクセとなり、習慣になり始めているのを感じる、つまりその営みを行うハードルがぐっと下がってくる感覚は、経験的にも理解できる話です。

　その後、どれだけ長く続けることができるかは意志の力、と片づけられてしまうことが多い気がしますが、習慣化するためにもいくつか方法がありますので、ここでは方法別に見ていきます。

❶ 内部の力で習慣化する

　まずは、自分のモチベーションを保つことにより、継続させる方法を見てみましょう。

［目標達成した時の自分のイメージを強く持つ］

　目標達成した時の自分の姿をできるだけ具体的にイメージするようにしましょう。続けるのが辛くなる時が必ずくるということを頭に置き、できれば最初に何らかの形で言語化し、手帳に書いてお

習慣づける力

たり、机の上に貼っておくなど、常に見ることができるようにして
おくとよいでしょう。

［振り返る］

　何かを始めても具体的な効果を感じ始めるまでに一定の時間がか
かる場合があり、特に初期の頃はそれが顕著です。そうなるとやっ
ていても面白く感じられず、飽きてしまうということも起こりがち
です。

　始める前からそのような状況に陥ることを想定し、最初から２週
間、１カ月、３カ月、半年と中長期で、特にできたことにフォーカ
スして振り返るクセをつけましょう。

　まずは続けることができていることそのものに光を当て、自分で
自信をつけるようにするのです。また短期では差異が見えなかった
ものが、少し時間を長くとることによって徐々にその効果が感じら
れ、継続するエネルギーになっていきます。

［副産物を増やす］

　主たる目的以外にできるだけ多くの、その行動をすることのメ
リットを考えるとよいでしょう。たとえば仕事で必要とされる英会
話の習得が目標だとした場合、プライベートで旅行に行った時に困
らない、将来転職などの時にも有利になるかもしれない、シンプル
に異性にモテるというように何でも構いませんので、プラスのもの
をたくさん探すのです。

［自分にご褒美を与える］

　習慣になるまでは、ここまでできたらご褒美に〜を買ってもよい
とか、〜をしてもよい、など何らかのご褒美を自分に与え、動機づ
けていくことも１つのテクニックです。

［気分転換の方法を理解しておく］

　何かを続けていると、知らず知らずのうちにストレスが溜まることが多く、特に実力以上のことにチャレンジするような場合はなおさらです。そこで、たまには気を抜くことも必要になります。何か趣味に没頭したり、いつもと違う場所に出かけてみる、山や川など自然に触れてみるといった中で自分に合う方法を考えてみましょう。

［気分を高め、スイッチを入れる方法を持つ］

　自分の好きな音楽を流す、好きな香りのアロマをたくなど、気分を高める環境を意識的に作るようにしましょう。

　また～をやったら始める、というように自分で何かルールを作り、自分の中にスイッチを作るという方法も有効です。筆者は気分が乗らない時に必ず聞く音楽があり、この音楽を聞くとどんな時でも前向きに取り組む気持ちになることができます。

　ほかにも、お気に入りの飲み物を飲む、気合いを入れる言葉を自分にかけるなど、活躍している人にはそういった自分のルールを持っている人も多いです。

［チェックリストやアプリを使う］

　毎日やるべきことや1週間、場合によっては1カ月のチェックリストを作り、できたら○をつけていくというように、自分でチェックし、「見える化」することも有効です。

　ある程度続くと、今までの軌跡を見て、また次のパワーにつなげることができるという効果もあります。また負けず嫌いの性格の方は、チェックボックスをつぶしたい欲求も相まって、頑張ることができるようです。

　さらに最近では、目的に応じて、それらをサポートしてくれるようなスマートフォンのアプリも数多く存在しています。中には達成するとメダルがもらえるといったゲーム性を帯びたものなど、楽し

める仕掛けが盛りだくさんのものもありますので、一度探してみてはいかがでしょうか。

[ホラーストーリーを使う]

　冒頭の「必要性を自覚する」にも示しましたが、最後の手としてホラーストーリーを使うという方法があります。まず継続できなかった時、究極的に自分はどうなるのかという最悪事態をイメージするのです。そうすると、〜にだけはなりたくない、という動機が生まれ、自分を追い込めるかもしれません。

② 外部の力を活用する

　継続するために外部、つまり他人の力もうまく活用することも有効です。

[周囲に宣言する]

　周囲に宣言してしまうと、他人の目が気になるため、「できなかった」と見られることが嫌だというプレッシャーが働き、半強制的にでも行動を促すことにつながります。筆者の職場では、机の上に「痩身」という文字を大きく書いた紙を貼っている人がいます。これがあることにより、周囲からも「頑張ってる？」、「効果出てきたんじゃない？」などと声をかけられる機会が多いのも事実です。

[仲間を見つける]

　一人ではなかなか続けられないことも、仲間と励まし合えば続けることができる場合があります。最近ではSNSなどで同じ目的を持った人たちが集うコミュニティも多いので、そういったコミュニティに入り、励まし合いながら頑張るのも1つの方法です。
　また一緒にやる人ではなくても、応援してくれるサポーターをつくることも有効です。

［上司とのMBOに入れる］

　最近ではMBO（Management by Objectivesの略：目標管理：ある期間の業務目標を上司と相談しながら決める仕組み）制度を導入している企業も多くなっています。本当にやる必要があることで仕事に直結することなのであれば、覚悟を決めるためにも上司に話し、MBOに入れ、評価直結というような状況をつくるのもよいでしょう。

［先行投資する（何らかの強制力を利用する）］

　筆者がジムでパーソナルトレーナーをつけているという話を先にしましたが、そういった状況を強制的につくるというのも1つの方法です。資格の勉強であれば学校に通う、高い通信教育に申し込むというように、それなりに先行投資をしてしまえば、貴重なお金を投じるわけですから、強制的に優先順位は上がるはずです。

　以上、本章では、4つのステップに分け、さまざまな角度から「続ける力」について見てきました。繰り返しになりますが、能力開発の基本は「繰り返し・継続」です。ぜひこの機会に、ご自身の続ける力の向上に取り組んでみてください。

プラトー（一時的な停滞）の存在を知っておく　　COLUMN

　何かを始めた当初は、投じる時間に比例してある程度知識や技量が身につきますが、ある一定の期間を過ぎたところで、成長実感が止まることがあります。これはプラトーと言われ、一時的な停滞状態に陥ることを言います。

　主に筋トレの停滞期の意味で使われることが多いようですが、自身の経験を振り返ってみても、英語の勉強や筋トレといった

何らかのトレーニングをしている時に、たしかにそういう時期がありました。実は、その時期を超えられるかどうかが、その後、成長をすることができるかどうかの分かれ目なのです。

プラトーの存在を事前に理解しておくと、「お、きたきた。これを超えると成長が待っている」と、この時期を抜けることを楽しみにすら感じることができます。

プラトーの先に成長がある

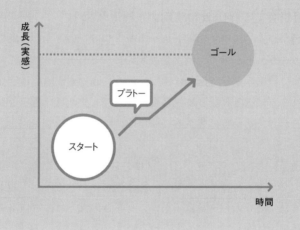

推薦図書：
『志を育てる』グロービス経営大学院著、田久保善彦執筆・監修、東洋経済新報社
『７つの習慣──成功には原則があった！』スティーブン・R・コヴィー著、ジェームス・スキナー、川西茂訳、キングベアー出版

CHAPTER

1

2

3

4

5

6

7

8

9

CHAPTER 10

10

People development

SECTION

01
—
06

メンバーを
育てる力

CHECK LIST

メンバーを育てる力　チェックリスト

本章を読み始める前に、チェックリストに○を付け、ご自身の状況を確認してみてください。○が少ない方は、10章をじっくり読むことをお勧めします。

1　メンバーの能力面の強み弱みだけでなく、大事にしていることや、将来どんなキャリアを築いていきたいのかを理解している　CHECK □

2　メンバーに仕事を任せることができており、自分は新たな仕事をつくって挑戦している　CHECK □

3　メンバー自身にどうすればよいかを考えてもらうように仕向けている　CHECK □

4　メンバーの習熟度に応じて、任せ方、関わり方を変えてサポートしている　CHECK □

5　メンバーと定期的に振り返りの機会を設けている　CHECK □

6　メンバーが挑戦し続けて成長できるような仕事をつくり、与えている　CHECK □

7　できるだけフェアな基準をつくり、メンバーの評価をしている　CHECK □

8　メンバーの育成に自分が困った時に、相談できる人がいる　CHECK □

本書の最後に、チームとしてより大きな成果を出していくために必要な「メンバーを育てる力」について考えていきます。

チームリーダーは、チームとして共通の目的・目標を設定し、メンバー全員が力を合わせて目標を達成していく集団をつくらなくてはなりません。当然、メンバーを育てることが必要になりますが、多くの人が適切に人材を育成できないという壁にぶつかります。

たとえば皆さんも次のようなことを感じたことがあるのではないでしょうか。

● 仕事が忙しく、メンバーを育てなければならないと思いながらも、そこまで手が回らない
● メンバーを一生懸命指導しているつもりだが、なかなか育たず、仕事が任せられない
● 結果へのプレッシャーが強く、恐くてメンバーに任せられない
● 結局、自分でやってしまい、自分がボトルネックとなり、チームの仕事が回らない

では、人を育てるためにはどのような点を意識すればよいのか、順番に見ていきましょう。

そもそも「育てる」とは、やり方を教え、自分の指示通りに動ける人材を育てることではありません。環境変化が激しく、顧客も多様化し、現場の課題もこれまでの成功パターンが通じないようになってきた今日、「自立的に考え、行動できるメンバーを育てる」ことが大切なのです。

そのための方法として、グロービスのクラスでは次の6つの要素が必要であると考えています。

図表10-1　自分で考え、行動するメンバーを育てるプロセス

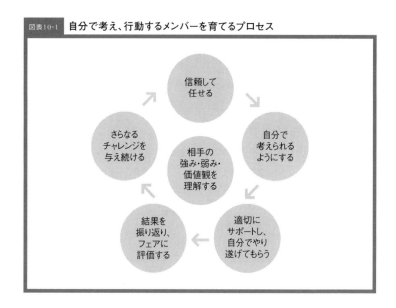

①相手の強み・弱み・価値観を理解する
②信頼して任せる
③自分で考えられるようにする
④適切にサポートし、自分でやり遂げてもらう
⑤結果を振り返り、フェアに評価する
⑥さらなるチャレンジを与え続ける

　まずは、相手のことをよく理解することから始まります。相手を理解した上で、適切な目的・目標を与えて任せ、自分で考え行動させ、そして適切にサポートをしていきます。
　最後に成果と成長を振り返り、適切な評価を与え、新たなチャレンジを課し、再び任せる、というサイクルです。

SECTION

01

CHAPTER10_People development

相手の強み・弱み・価値観を理解する

相手を理解するとは、相手の能力、強みと弱み、大切にしている価値観などを理解するということです。

まず、皆さんのメンバーについて思い浮かべてください。

- メンバーがどのような業務をしているか
- メンバーの強みと弱みは何か。本人はどのように自分の強み弱みを認識しているか
- メンバーが大切にしている価値観は何か。メンバーは何のために仕事をしているか。何に対してワクワクし、一生懸命になるのか
- メンバーは、どんなキャリアを歩み、何を目指し、どう成長したいと考えているのか
- メンバーの仕事のスタイルは、細かく段取りして仕事をするタイプか、早めに進めるタイプか、相談して進めるタイプか
- メンバーのプライベートの趣味や、好きなことは何か
- 家庭環境など、仕事にも影響を与えそうな特別な事情はあるか

また、次のような最近の様子についても確認してみてください。

- 最近、元気そうか

● 最近、成長したところはどこか
● 何か仕事かプライベートで悩みを抱えていないか

　どの程度の項目について、言語化することができたでしょうか。その数が少ない場合、自分の胸に手を当てて聞いてみてください。「しっかりとメンバーに向き合おうとしていたか」、「仕事の忙しさ、結果へのプレッシャー、客先とのトラブルなどで、自分のことでいっぱいになっていなかったか」、「自分の仕事を分担できる便利な相手としてしか見ていなかったのではないか」、「そもそも、相手に関心を持っているか」

　これまで見てきたように、**認識すべきことは、相手のことを理解するというのは、日頃から意識的にしなければ難しいということです**。では次に、メンバーを理解する上で大切なことを具体的に見ていきましょう。

❶ 相手に関心を持ち、相手の目線に立って聞くこと

　自分は親身になって話を聞いているつもりでも、実はメンバーからは、そのように受け取られていないということは多いです。「仕事の指示はされるが、自分のことを聞いてもらえたことはない」「聞いてくれたとしても、結局、自分のことを言いたいだけ」「悩みがあったら言ってみてと言われたのに、逆にダメ出しされた」など、聞いてもらえていないと思っている人は少なくありません。

　人にはそれぞれ多様な価値観・考え方があり、能力もさまざまです。メンバーのことを理解しようとする際に、まず自分の経験や考えで相手を判断しようとせず、相手が何を感じ、何を大切にし、どう自分を認識しているかを相手の目線で受け止めることが大切です。

　まず相手の話を聞くことに徹しましょう。「なぜそう思うのだろう」と意識的に相手に関心を持ち、自分が共感するところや、逆に

自分とは違っているのでもっと知りたいところを聞いていくのです。この際に注意すべきなのは、問い詰めないということです。

「どうしてやらないのか？」などと、質問の形で説教する人もいますが、最初は相手から引き出すことに集中することが大切です。

そして話し始めたら相手の考えや価値観が自分と違っていても、受け止めるのが次のステップです。

受け止めるというのは、たとえばあるメンバーが、顧客との関係がつくれず、困って相談にきているような場面では、「この人は顧客から嫌われていると思っているのだな、相手が言いたいことを強い口調で言ってくるので常に批判されていると思って、苦手意識を感じているのだな」というように、相手がどう思っているのかを受け止め続けるのです。そうすると、相手は心を開いていき、思っていることを本音で話してくれる可能性が高まります。

② 仕事の能力だけでなく、相手の価値観も理解する

次に大事なことは、その人が何を大切にしているか、つまり価値観を理解することです。たとえば、人との一体感や共感を大事にする人もいれば、新しいものを生み出すことにやりがいを感じる人もいます。手に職を持つような専門能力にこだわる人もいるでしょう。人の成長を支援することが好きな人もいます。価値観とは、その人がワクワクする源、大切だと感じるもので、やりがい、喜び、充実を感じるものです。

仕事は好きなことだけお願いすることはできませんが、**相手の価値観がわかれば、任せる仕事の内容や任せ方などを調整することはできます**。人を育てることができるリーダーは、相手のどのツボを押してあげれば頑張ることができるのかをよく理解しています。

相手の価値観を理解するためには、次のような質問をしてみましょう。

- 今、楽しいと感じていることは何か、それはどうしてか
- 将来はどんな仕事を、どんな役割を果たしたいと思っているか
- 今までの仕事の中で、一番やりがいがあった仕事はどんな仕事か、どうしてそう感じたのか、どんな要素があったからそう感じたのか
- 悔しかった経験や、憤りを感じた経験は何か、何がそう感じさせたのか、自分の大事にしている何が阻害されたのか
- 尊敬する人や憧れる人はいるか、どんなところが良いと思うのか

　それぞれの質問で大切なことは、具体的な経験の内容よりも、その経験を通じて、この人は何が好きで、何を大切にしていて、どんな要素があればモチベーションが高まるのかということを知るということです。

　たとえば、やりがいがあった仕事について聞くのであれば、その仕事にどうしてやりがいを感じたのか、何があったから楽しめたのかを聞きましょう。

　自分が成長したこと、チーム一丸となってやりきった充実感、顧客に対しての貢献、感謝されたことなど、その人らしい特徴が出てくるはずです。

SECTION

02

CHAPTER10_People development

信頼して任せる

　相手を理解したら、育成の第一ステップである「任せる」フェーズに入ります。**「任せる」というのは、単に指示してやってもらうのではなく、「この仕事は自分が進めていくのだ」という当事者意識、責任感を持ってもらった上で、取り組んでもらうということです。**

　良いリーダーは、最初の動機づけ、当事者意識の醸成に長けています。任せる仕事がたとえ小さくても、その仕事の背景、目的を伝え、相手にとっての重要感を持たせた上で、これは自分がやらなくては進まないのだという責任感を持たせています。

　メンバーに何かを任せるにあたって目標設定をする際には、次の5つの要素を強く意識するとよいでしょう。

- Specific：**目標は具体的でわかりやすいか**
- Measurable：**測定ができるか**
- Agreed upon：**同意できるか**
- Realistic：**現実的で成果志向か**
- Time-oriented：**期限が明確か**

　たとえば、メンバーが「担当するクライアントを攻略し、提案力を高めたい」という目標を立てたとしましょう。このままでは抽象的すぎて、1年後に何を成し遂げていれば目標を達成したのかがわかりません。

メンバーを育てる力

具体的に、どの顧客を開拓したいのか、その際の売上目標を〇万にするなど、計測できなければなりません。また、測定できる目標としては、売上などの結果目標だけでなく、〇件アポイントを取って、〇件訪問して、〇件は具体的に提案するなど、プロセスの目標も立てると効果的です。

次に大事なことは、その目標がそのメンバーにとって適度にチャレンジングかどうかを確認することです。先にも記したように120％ぐらいの負荷をかける目標設定をするように心がけるとよいでしょう。そして、最後に目標達成の期限を明確にすることを忘れないでください。

さて、現実に目を向けてみましょう。おそらく読者の多くは、ここに書いたようにメンバーに任せられるようなリーダーになりたいと思ってはいるものの、なかなか実行できないという本音を抱えているのではないでしょうか。

著者が教鞭を執っているリーダーシップのクラスでも、「メンバーにどんどん任せられるようなリーダーになりたい」と言いながらも、「忙しすぎて任せてもサポートする時間がない」、「そもそも任せられるようなメンバーがいない」と悩まれている人も多いのです。

しかし、よく話を聞いてみると、自分の心理的なことが要因で任せられないというケースがあります。4章の「目標設定」でも述べましたが、**自分自身が変わりたいと思う時に、それを止めてしまう「裏の目標」がある場合は注意が必要です。**

たとえば以下のようなことに、心当たりがある人は多いでしょう。

● 目標へのプレッシャーが強く、結果として自分の評価が下がるのが恐くてメンバーに任せられない
● 「時間がなくて育てられない」と言いながら、日々スケジュールが詰まっていて、忙しいことで充実して仕事をしているつもり

になってしまい、リーダーとしての仕事ができていないことに気づいていない

● チームのことは自分がすべてを知っており、指示ができる万能な自分が好き。心のどこかでちやほやされたいと思ってしまっている

● 担当している仕事に愛着がありすぎて、実はほかの人に渡したくない、自分がこれからもたずさわっていたい

● 自分がプレイヤーとして結果を出してきた源泉である仕事のやり方やノウハウを教えることで、優秀なメンバーに自分が抜かれることが実は恐い。自分は何で存在価値を出したらいいのか不安

　これまで責任感と想いを持ちながらプレイヤーとして結果を出してきたのですから、このような気持ちになるのは当然です。筆者が初めてチームを持った時、当時の上司に次のように言われたことを今でも覚えています。

　「リーダーになるということは、今まで自分が愛着を持っていた仕事を手放していくということ。直接自分が担当して、やりがいを感じて人から喜ばれてきたその仕事を手放すことは、さみしいと感じることはあるだろう。でも、それをほかのメンバーがもっと愛着を持って喜んで仕事をしている姿を喜べるのがリーダー。それができれば、今まで自分が担当していた範囲を越えて任せたメンバーの仕事の分だけ、貢献ができ、違う喜びを感じることができる」

　まさにその通りだと今は実感しています。

　では、具体的にどのようにすれば、その状況を乗り越えることができるでしょうか。多くの方が乗り越えてきた事例を紹介しますので参考にしてみてください。

- 自分がやるべき仕事を増やし、自分だけではどうしようもない状況にしてみる。自分でやりたくても任せざるをえなくなり、権限委譲が進む
- 大きな仕事を任せるのが恐い場合、最初は限られた範囲で小さなところから任せてみる。何かあっても最後は自分で何とかできる状況にしておく
- メンバーがどう任されたいかを聞く。もっと任せてほしいということがわかることで、自分が抱え込んでいたことに気づける
- 小さなことを任せて、そのメンバーが喜ぶ経験をたくさん積み重ね、人を育てる喜びを感じる

SECTION
03

CHAPTER10_People development

自分で
考えられるようにする

「人を育てる」というと、細かくやり方を教え、その通りにやって
もらうことをイメージしがちですが、それでは自分のやり方を忠実
に実行する人しか育ちません。環境変化が激しくいろいろと状況が
変わったりする中では、本人が自分で考えられるように育てなけれ
ばなりません。

　このように細かく指示をしたり、教えてしまうのは、大きく以下
のようなことがあるからです。

● そもそも育てる上では、考えられるようにすることが大切であ
　るということを認識していない
● 自分が求める完璧な完成されたイメージや、自分がやってきた
　仕事のやり方、手順にこだわりすぎ、同じようにやらないと横か
　ら細かく口を出してしまう
● 感謝されたい欲求が強く、メンバーに頼られたり、感謝される
　ことに喜びを感じて教えてあげてしまう

　いずれかに心当たりがある方は、本当にそうすることがメンバー
のためになるのか、自分がメンバーの成長を止めてしまっていない
か、今一度振り返ってみましょう。

　では、具体的にどうしていけばよいのかを見ていきます。

229

❶ 当事者意識を持たせ続ける

グロービスの修了生で、大手食品会社の事業を牽引するリーダーは、新入社員の時から、何かを上司や先輩に相談しに行くと、常に「君はどうしたいんだ?」と問われ続けたそうです。

困っているから相談しているのに、どう考えるのかを問われ続けているうちに、まず自分が考えや意見を持って取り組むことをすり込まれたと言います。このような中で自分は育てられてきたと感じているため、自分が上司になっても部下から相談を受けたら、まず部下がどう考えるのかを聞いているそうです。

似たような話はリクルートホールディングスでも聞かれます。同社では、毎日のように「圧倒的な当事者意識」という言葉が飛び交い、自分自身の意見を求められるそうです。

考えられるようにするということは、「自分で考えようとする当事者意識」を持ってもらうことにあります。任せる上でも、任せたあともこの意識は必要です。

❷ 考える力を身につけるために必要な「問う力」

考える力を身につけてもらうためには、リーダーが良い問いを投げかけ、考えを引き出すということが大事です。良い問いを投げかけるためには、まず自分が問題解決において何をどう考えるべきかを理解しておく必要があります。

たとえば、メンバーが提案資料について良いかどうか相談しにきたとしましょう。何かがおかしいと思い、「もう一度考え直してくるように」と差し戻すのですが、メンバーは、自分はこの形が一番正しいと思って持ってきているので、何をどう直していいかわかりません。自分なりに考えてもう一度持っていくと、「これもおかしい。再度考えてきなさい」と堂々巡りになってしまいます。

メンバーが自分で考えられないことも1つの原因ですが、一番の

原因は、上司がなぜおかしいか、どうすればよいかがわかっていないことにあります。もしわかっていれば、おかしい理由を明確に説明して、直してもらうこともできるでしょう。もう少しメンバーが考えられるようにしたいのであれば、適切なヒントをあげて、自分で考えられるようにすることもできるでしょう。

このように、**考えられるようにする、ということの前提として、自分自身が考え、相手に説明できるようにしておかなければならないというところが、リーダー（上長）になる難しさです。**

特に、リーダーにとっては、メンバーがいつ相談にくるかわかりません。相談された時に、メンバーが瞬時に考えられるように問いを返さなければならない場面ばかりであり、自己研鑽もメンバー以上に必要になってくるのです。

『27歳からのMBA　グロービス流ビジネス基礎力10』の「1章　論理思考力」「2章　コミュニケーション力」では、自分がどう考えるべきかについて記してありますが、その応用として、リーダーとして意識すべき問いについて、主なポイントを示しておきます。

● 本質的な問いを押さえているか
● その本質的な問いを構成する小さい論点は何か

図表10－2の右側にあるように、メンバーが考えを深めるための全体像を理解し、どこで悩んでいるのか、止まっているのかを適切に理解しながら、必要な問いを投げかけ考えられるようにするのです。問い、というと難しく感じるかもしれませんが、自分が考える時にすべきことを、相手に問うということを意識すればよいでしょう。

たとえば、システム会社の購買部において、営業から「調達して

図表10-2 メンバーの思考を適切に理解する

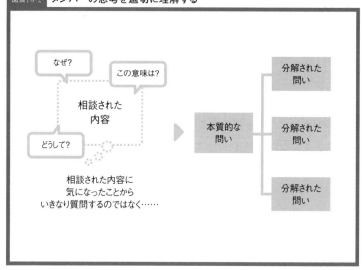

いるネットワーク機器の価格が高くて提案時の訴求力に欠ける」という不満があり、これまで調達していたネットワーク機器の仕入れ先を変えるべきかどうかをメンバーが考えているとしましょう。価格を調査して調達先を変えたいという相談を、リーダーとして受けたとしたら、皆さんならどのようにフィードバックするでしょうか。

価格は調達するには大切なポイントですが、本質的な問いは「顧客に訴求力のあるネットワーク機器が他にあるか」です。そのため、価格だけでなく、ほかに検討すべき大事な論点がないのかどうか確認しなければなりません。たとえば、ネットワークはシステムトラブルに直結するため、機器の品質や信頼性について検討する必要があります。

また、納期がどのくらいかかるか、安定して供給できるかも大事な要素です。調達においては、QCD（Quality：品質、Cost：価格、Delivery：供給）の視点が抜けているようなら、「価格のほかに検討すべきことはないのか」を考えることは必須です。

本人が考えることが難しいのであれば、このQCDの３点を伝えた上で、再度具体的に比較検討するように伝えるとよいでしょう。また、もしこのネットワーク機器の検討が実は仕事の優先度としては重要ではなく、より先端的で競争優位性が高そうなソフトウェアの調達を検討するほうが大事なのであれば、そのことを考えることの重要性を伝えてあげるべきでしょう。

　このように、必要に応じて問いを投げかけ、考えてもらうのです。もし自分で考えられないのであれば、適宜、考える視点を与え、具体的なところを自分で考えられるようにすることができれば、次に同じような課題があった場合に、メンバーが自分で考え解決できるなど自分で再現できるようになります。

SECTION 04

CHAPTER10_People development

適切にサポートし、 自分でやり遂げてもらう

　メンバーに自ら考えてもらい、何らかの行動に移った後に大切なのは、いかにサポートしていくかということです。ビジネスの中では丸投げしてしまっているケースや、信頼して任せきれずにこと細かく口を出して、メンバーのやる気を失わせてしまうケースが散見されます。適切なサポートをするには何が重要かを見ていきましょう。

① 相手の仕事のスタイルに応じてサポートする

　大切なことは、皆さんのメンバーがどのような仕事のスタイルかを理解することです。報連相をマメにする人か、いつも時間ぎりぎりになってしまうタイプか。自分でどんどん勝手に決めて突っ走ってしまうタイプか、頻繁に相談したがり答えを求めるタイプか。そのスタイルに応じて、どのタイミングで確認するべきかを想定しておきます。

　そして、具体的には次のようにサポートすることも効果的です。

● マメでない人には、定期的に進捗会議を入れてもらうなどの仕掛けをしておく
● 頻繁に相談して答えを求めるタイプなら、自分で考えてからくるように繰り返し伝える
● 自分で勝手に決めて進めがちなメンバーには、本人以外の周囲

のメンバーにもヒアリングして、情報を把握できるようにしておく

メンバーのことをよく理解し、観察しながら、個々人に合ったサポート方法を決めていくことが必要です。

② 相手の習熟度に応じてサポートの仕方も変える

メンバーも最初に任せた時から成長してくるため、その習熟度に応じて任せ方が変わってきます。

法人営業の例を見てみましょう。特殊な状況にない限り、入ってきたばかりの新入社員にいきなり顧客への提案を任せることは難しいでしょう。最初は具体的にどのような商品か、どのような顧客なのかを教え、同行訪問させながら、一部をやってもらい、どう感じたかを確認するなど、最初は丁寧にサポートすることが必要です。

商品や顧客を理解し、ある程度習熟してきた段階で、顧客の担当を任せていくことになるでしょう。まだどこまでできるかわからないので、メンバーの様子をリーダーが観察し、報告させながら意識的にサポートしていく必要があります。顧客への提案プロセスも安心して任せられるようになれば、順調に進んでいる限り、サポートする必要がなくなります。

さらに成長してもらうために、そもそもどのような商品でどのようにマーケットを攻めるのかなどの営業戦略を企画してもらうような新しい挑戦が必要になるでしょう。初めはリーダーの企画検討に参加する形でメンバーが考え、決めることができるように支援していきます。

最後は、自ら営業戦略を考え、決められるようになったメンバーには大いに任せ、必要な時だけ相談に乗り、メンバーがやりたいようにやれる環境を整えることをサポートするのがリーダーの仕事になります。このように、メンバーの習熟度において、任せ方からサ

| 図表10-3 | 習熟度に応じた4つのサポート |

教示型
教えて
やってもらう

指導型
考えを示し
任せてみる

支持型
自分で
考えてもらい、
参画して
支持する

委任型
大いに任せ、
相手が
必要な時に
サポートする

出典:P・ハーシーとK・ブランチャードによるSL理論のステップをもとに加筆・修正

ポートの仕方まで変わるのが理解できるでしょう。

　相手の成長が早い、もしくは、そもそもやれる人材なら早めに見きわめて、どの段階の任せ方とサポートをしていくべきかを決めていけばよいのです。

　一方で、やりがちなのはリーダーが我慢しきれず、メンバーの仕事を自分でやってしまうことです。「結局、最後は任せてもらえない」という失望感に変わったり、「最後はリーダーがやってくれるんだな」と、自分がやりぬく責任感が薄れてしまったりします。

　もちろん、最後はリーダーである自分がやらざるをえない状況もありますが、よほどのことがない限り、早め早めにサポートをして最後までやりきる経験をしてもらいましょう。

　その際、サポートする過程で意識しておいたほうがよいことは、リーダーから見て自分と同等の成果を期待しないことです。妥協をしろということではありません。当然ながら、**リーダーのほうが経**

験が多い場合がほとんどなので、良い結果を残すことができますが、任せたメンバーにベストを尽くしてもらうべきということです。

また、もしやる気があるからとメンバーへ割り振った業務が能力を大幅に超えたものだった場合、巻き取るのではなく、担当部分を小さくして任せるのです。

長期的な視点に立ち、我慢をして、任せた範囲を最後までやってもらい、結果を出すことを意識しましょう。

SECTION

05

CHAPTER10_People development

結果を振り返り、
フェアに評価する

　最後までやりきり、成功・失敗などの結果が出たら、一度仕事の
プロセスを振り返り、そこから学ぶことが大切です。振り返るとい
うことは、結果に一喜一憂するのではなく、そのプロセスで何が良
くて何が悪いのかを認識させ、その結果にフェアな評価を与えるこ
とで、今後のメンバーの成長を促していくことです。

　しっかりと振り返っておかないと、メンバーが同じ失敗を繰り返
したり、成長実感や自信がなくなったり、自分のことを過大評価し
て周囲に悪い影響を与えたり、とにかく走りっぱなしで自分のキャ
リアを不安に感じたりと、さまざまな問題が出てきます。

　また、上長から与えられる評価に納得感がないと、関係が悪化し
たり、信頼されなくなったりすることもあります。この振り返りや
評価はとても大切なプロセスです。

　評価について、メンバーから出てきがちな不満としては次のよう
なものがあります。

● 途中で何もフィードバックがないのに、最後に悪い評価を言い
　渡され、理由がわからずまったく納得感がない
● 上長はいつも自分のことをほめてくれていたのに、評価の段階
　で厳しいことをいきなり言われ、納得できない。これまでほめて
　くれたのは何だったのかと思う

238

- 常に批判されてばかりで、自分に自信を持つことができない
- 育成担当の上長と、評価をする上長の意見が違っていて、話し合いがされているのか不信感がある

　リーダーとしては以下のような悩みも多いでしょう。

- 良いところをほめて動機づけしてきたが、最終的に、結果が出なかったため、高い評価はできないと伝えたところ、納得できないと反発された
- メンバーの改善すべき事項について厳しいフィードバックをすることができず、評価の段階で意を決して伝えると、あとから言われても納得できないと強い反発にあった
- 結果を出しているにもかかわらず、なかなか自信を持てないメンバーがいて困っている
- メンバーが成長したので高い評価をしたかったのだが、人事考課の時期に自分の上長に伝えたら、それぐらいの実績では高い評価を与えられないと言われ、メンバーにうまく説明ができなかった

　読者の皆さんも、自分が部下として感じたことや、上長として困っていることなど、どれかは心当たりがあるのではないでしょうか。このような問題が起きるのは、メンバーと上長の認識に差があるからです。この差を埋めない限り、メンバーも自分の強みや弱みを適切に認識できず、次の成長につながりません。
　そのために必要なことが適切に振り返るということと、フェアに評価をするということなのです。以下に、振り返りと評価の際に大切なことを3つ挙げておきます。

① メンバー自身が振り返る

　自分自身はどのような状態にあるのかという、自己認識を持ってもらうことは非常に重要です。そのために必要なことが、自分で振り返り評価してもらうことです。評価面談の際に、いきなりメンバーの改善点を指摘する人がいますが、たとえそれが正しくても、相手としては唐突感があり、なかなか受け入れにくいでしょう。もしメンバーがそう感じていなかったとすれば、この上司は自分のことをわかってくれていないと思わぬ反発にあうこともあります。

　メンバーが自分で振り返ると、自分のことを過大評価しがちか、自分のことに自信がないか、適切な自己理解できる人なのかといった自己認識しがちかの傾向がわかります。

　また、**メンバー自身で振り返る習慣をつけてもらうと、自分自身で強み、弱みを適切に認識できるようになるため、自立的に自分で強みを活かし、改善することができます。**

② 逃げずに厳しいフィードバックをする

　自分に対してなかなか自信を持てない人もいます。自己肯定感が低いメンバーには、具体的に何が強みなのか、どういう時によかったのかを実感できるように伝えてあげることが大切です。

　しかしながら、具体的にどういうところが良かったのかを伝えるためには、普段からしっかりとメンバーを観察し、何が強みか、具体的に把握しておかなければなりません。

　育てることだけを任されているのなら、良い点をほめて伸ばすということだけでも乗り切れるかもしれませんが、評価、つまり人事考課まで任されている場合には、責任の重さが大きく変わります。

　特にチームリーダーになると、評価も任されることも多いでしょう。評価の責任を持った瞬間に、良い人には良い評価をしますが、期待に添えなかったメンバーには必ず悪い評価をしなければなりま

せん。

中には自分ができていないということを自己認識できない人もいます。このような場合には、自己と他者の認識がどんどん乖離してしまうことになりますから、強い意思を持ってしっかりと伝えることが大切です。特に優しい性格で、八方美人だったり、人から嫌われたくないという性格のリーダーは、ほめたり動機づけたりすることはうまいのですが、メンバーの改善すべきところに対して正面から言うのを苦手としている場合が散見されます。

結果的に最終評価の段階で厳しく伝えざるをえなくなり、突然厳しいフィードバックをされたとして、上長としての信頼を失うことにもなります。

大事なことは、メンバーの成長のために、厳しい指摘をすべきことについて逃げずに伝えていくことです。

③ 定期的に振り返り、タイミングよく指摘する

この振り返りや評価は、できる限り定期的にしっかりと時間をとって行うことが大事です。

筆者が勤務するグロービスでは、目標管理制度（MBO）がありますが、最初に目標設定の時間をしっかりとって認識のすり合わせを行い、３カ月に一度必ず振り返りと今後の成長課題を確認し、１年後には振り返りを行います。

それぞれ１時間かけてじっくりと行いますが、途中でお互いに認識合わせをしているからこそ、定期的に改善に対するフィードバックができ、人事評価の時にも納得感のある評価ができます。改善点の指摘などは、気づいた時にその場でわかるように伝えておき、定期的な面談の場で、自分でしっかりと振り返り自己認識してもらうことが大切です。

SECTION
06

CHAPTER10_People development

さらなるチャレンジを
与え続ける

　任せた仕事が終わったら、新たなチャレンジを与えることが何よりも重要です。このサイクルを何度も回し、チャレンジを経験するたびに成長し、自立的に仕事を回すことができる人材に育ちます。

　リーダーがやらなくてもよいことは、どんどん任せていきましょう。**リーダーが、実務的な仕事はメンバーに渡し、サポートを行い、自立的に成果を上げる支援側に回ることで、自分がいなくてもチームが回るようになってきます。**

　そうすることで、リーダー自身も新しいチャレンジを自分で見つけ、挑戦していくことができます。

　以上、「メンバーを育てる」ということについて見てきました。

　人にはそれぞれ強みがあり、各人を活かすチームが成果を最大化できます。その際のリーダーの役割とは、自分のやり方でメンバーを指揮命令して統率するのではなく、同じ方向は見せながらも、メンバーが自立的に仕事を遂行することを助け、働きやすい環境を整えることです。

　そして、その上でリーダーはリーダーにしかできないことにチャレンジし続ける姿勢を貫かなければなりません。**メンバーを育てる力とは、最後は自分自身が成長し続けることが問われているともいえるのです。**

推薦図書：

『リーダーを育てる会社　つぶす会社』ラム・チャラン、ステファン・ドロッター、ジェームス・ノエル著、グロービス・マネジメント・インスティテュート訳、英治出版

『1分間リーダーシップ』K・ブランチャード、P・ジガーミ、D・ジガーミ著、小林薫訳、ダイヤモンド社

『コーチング・バイブル──本質的な変化を呼び起こすコミュニケーション』ヘンリー・キムジーハウス、キャレン・キムジーハウス、フィル・サンダール著、CTIジャパン訳、東洋経済新報社

『なぜ人と組織は変われないのか──ハーバード流自己変革の理論と実践』ロバート・キーガン、リサ・ラスコウ・レイヒー著、池村千秋訳、英治出版

おわりに

　最後までお付き合いいただき、ありがとうございました。

　グロービス経営大学院では、優れたビジネスパーソンになるためには、WILL（意思や志）とSKILL（知識や考える力）が必要であるというコンセプトのもと、カリキュラムや各講義内容を構成しています。

　前著『27歳からのMBA　グロービス流ビジネス基礎力10』（東洋経済新報社）では、大学院の授業で提供しているテーマの中から、「できるだけ若いうちに身につけていただきたい10の力」について概観しました。

　言うまでもなく、世の中に価値を生み出すビジネスを実践するためには、ロジックや数字、コミュニケーション力等は必須です。

　しかし、それだけでビジネスの成果が生み出されるわけでなく、知識や知恵を現実のビジネスに落とし込んでいく力が求められます。

　そこで、その姉妹編となる本書では、ビジネスの基礎力をつけられた人が、メンバーを率いて成果を出す良きリーダーになるために、そして、現在そのような活躍をされている人がさらなる活躍をするために必要な10の力についてまとめました。

　短期間で身につけることが可能な表層的なテクニックとは異なり、根幹を成す能力であればあるほど、そう簡単に身につくものではなく、繰り返しの反復トレーニングが必要になります。本書で取り上げたさまざまな力を、真の実力に変えていくためには、スポーツ選

手が筋トレをするように地道に繰り返すしかありません。

　それは、時間のかかる、厳しい道になると思われますが、「リーダーへの道は1日にしてならず」です。あせらず、少しずつ、より良いリーダーになるべく研鑽を積んでいくしかありません。この本をそのような能力開発のきっかけに使っていただきたいと、心から願っています。

　さて、本書は、グロービスでの学びを実践され、成果を上げている受講生の皆さんとのディスカッションを通じて、考えたこと、学んだこと、そして実際にインタビューしたことがベースになっています。授業という筆者にとっての現場がなければ、この本を書こうとすることも、書くこともなかったと思います。時間を一緒に過ごしてくださったグロービスで学ばれている皆さんに、心から感謝申し上げます。

　また、東洋経済新報社の宮﨑奈津子さんには、本書の企画を具体化していただき、執筆中も励ましの言葉、的確なアドバイス、それから、ペース配分のメールをたくさんいただきました。本当にありがとうございました。

　この本をお読みいただき、「ビジネスの実践力」を高め、より良いリーダーになるためのヒントを1つでも2つでもつかんでいただけたとしたら、筆者としてはこれ以上の喜びはありません。

　強い当事者意識を持ったリーダーが一人でも増えることを願って、本書の結びとしたいと思います。

2015年11月吉日

執筆者一同

執筆者紹介

田久保善彦 （たくぼよしひこ）：監修、第6章、第8章執筆担当

株式会社三菱総合研究所を経て、現在グロービス経営大学院 経営研究科 研究科長。慶應義塾大学理工学部卒業、同大学院理工学研究科修了。スイスIMD PEDコース修了。経済同友会幹事、経済同友会教育改革委員会副委員長（2013年度）、ベンチャー企業社外取締役、顧問、NPO法人の理事等も務める。著書に『ビジネス数字力を鍛える』、『社内を動かす力』（ダイヤモンド社）、共著に『志を育てる』、『グロービス流　キャリアをつくる技術と戦略』、『27歳からのMBA　グロービス流ビジネス基礎力10』、『27歳からのMBA　グロービス流ビジネス勉強力』（東洋経済新報社）、『日本型「無私」の経営力』（光文社）、『東北発10人の新リーダー　復興にかける志』（河北新報出版センター）等。

荒木博行 （あらきひろゆき）：第1章、第2章、第4章執筆担当

グロービス経営大学院 経営研究科 副研究科長。慶應義塾大学法学部卒業、スイスIMD BOTコース修了。住友商事株式会社を経て、グロービスに加わり、法人向けコンサルティング業務に従事。現在は、オンラインMBAにおけるマネジメント業務等を行う傍ら、戦略系、および思考系科目の教鞭を執る。著書に『ストーリーで学ぶ戦略思考入門──仕事にすぐ活かせる10のフレームワーク』（ダイヤモンド社）、共著に『27歳からのMBA　グロービス流ビジネス基礎力10』、『27歳からのMBA　グロービス流ビジネス勉強力』（東洋経済新報社）。

金澤英明 （かなざわひであき）：第3章、第10章執筆担当

グロービス経営大学院 教員。青山学院大学国際政治経済学部卒業。グロービス・オリジナルMBAプログラム（GDBA）修了。CTIジャパンコーチ養成コース応用課程修了。大手システム会社にて法人営業に従事した後、グロービスに入社。グロービス経営大学院にてクラス運営・制度設計・学生相談窓口や、学生や修了生の志の醸成支援、キャリア支援、生涯にわたる人的ネットワーク構築などのサービス全般を担当するチームをマネジメント。現在は、株式会社グロービスの経営管理本部人事マネージャーとして採用、能力開発、文化醸成など、幅広く人材マネジメント領域を担当する傍ら、教員として思考系科目や、「リーダーシップ開発と倫理・価値観」、「経営道場」などの志系科目の教鞭を執る。

村尾佳子 （むらおけいこ）：第5章、第7章、第9章執筆担当

グロービス経営大学院 経営研究科 副研究科長。関西学院大学社会学部卒業、大阪市立大学大学院創造都市研究科都市政策修士。グロービス・オリジナル・MBAプログラム（GDBA）修了。大手旅行会社、総合人材サービス会社を経て、現在、グロービスにて事業戦略、マーケティング戦略立案全般、そして大阪校、名古屋校のマネジメントに携わる傍ら、マーケティングや志醸成の教鞭を執る。また社外取締役や理事として関与しながら、ベンチャー企業、NPOの育成にも携わる。共著に『グロービス流　キャリアをつくる技術と戦略』、『志を育てる』、『27歳からのMBA　グロービス流ビジネス基礎力10』、『27歳からのMBA　グロービス流ビジネス勉強力』（東洋経済新報社）、『東北発10人の新リーダー　復興にかける志』（河北新報出版センター）。

グロービス経営大学院

社会に創造と変革をもたらすビジネスリーダーを育成するとともに、グロービスの各活動を通じて蓄積した知見に基づいた、実践的な経営ノウハウの研究・開発・発信を行っている。
グロービスには以下の事業がある。(http://www.globis.co.jp/)

- グロービス経営大学院
  - 日本語（東京、大阪、名古屋、仙台、福岡、オンライン）
  - 英語（東京、オンライン）
- グロービス・マネジメント・スクール
- グロービス・コーポレート・エデュケーション
  （法人向け人材育成サービス／日本・上海・シンガポール）
- グロービス・キャピタル・パートナーズ（ベンチャーキャピタル事業）
- グロービス出版（出版／電子出版事業）
- 「GLOBIS知見録」（ビジネスを面白くするナレッジライブラリ）

「GLOBIS知見録」アプリダウンロードQRコード

iOS

Android

その他の事業：
- 一般社団法人 G1サミット（カンファレンス運営）
- 一般財団法人 KIBOW（震災復興支援活動）

27歳からのMBA
グロービス流リーダー基礎力10

2015 年 11 月 19 日　第 1 刷発行
2018 年 3 月 15 日　第 3 刷発行

著　者――グロービス経営大学院
執筆者――田久保善彦／荒木博行／金澤英明／村尾佳子
発行者――駒橋憲一
発行所――東洋経済新報社
　　　　　〒103-8345　東京都中央区日本橋本石町 1-2-1
　　　　　電話＝東洋経済コールセンター　03(5605)7021
　　　　　http://toyokeizai.net/

カバーデザイン……遠藤陽一（デザインワークショップジン）
ＤＴＰ……………高橋明香（おかっぱ製作所）
印　刷……………東港出版印刷
製　本……………積信堂
編集担当…………宮﨑奈津子

©2015　Graduate School of Management, GLOBIS University　Printed in Japan　ISBN 978-4-492-04586-2

　本書のコピー、スキャン、デジタル化等の無断複製は、著作権法上での例外である私的利用を除き禁じられています。本書を代行業者等の第三者に依頼してコピー、スキャンやデジタル化することは、たとえ個人や家庭内での利用であっても一切認められておりません。

　落丁・乱丁本はお取替えいたします。